Guide pratique de conversation

ESPAGNOL / LATINO-AMÉRICAIN

Collection dirigée par
Guillaume de la Rocque

Pierre Ravier Werner Reuther

Guide pratique de conversation

ESPAGNOL / LATINO-AMÉRICAIN

Traduction de Monique Lailhacar

(Édition mise à jour)

Le Livre de Poche

ISBN : 978-2-253-08514-0

Sommaire

Logement • restauration

Achats

Culture • loisirs

Comment utiliser ce guide

Comment utiliser ce guide

Ce guide de conversation est destiné à toutes les personnes désirant se rendre en Espagne ou en Amérique latine et qui ne maîtrisent pas la langue espagnole.

Il a été conçu de façon à faciliter les relations essentielles de la vie quotidienne. Plusieurs milliers de mots, de phrases et de formes syntaxiques permettront au lecteur de s'exprimer dans la plupart des cas susceptibles de se présenter à lui au cours de son voyage.

L'OUVRAGE COMPREND :

- **Un abrégé de grammaire** précisant quelques règles de la langue espagnole.
- **Un code de prononciation** facilement utilisable et sans lequel le lecteur de ce guide risquerait de ne pas toujours être compris par ses interlocuteurs.
- **Un guide pratique d'utilisation de la langue** constitué de six grands chapitres, rassemblant des thèmes présentés dans l'ordre alphabétique.
- **Un dictionnaire** de plus de deux mille mots.
- **Un index** facilitant la recherche des rubriques.

Exemple d'utilisation du manuel

Le lecteur désire acheter un costume :

1. Il pourra trouver le mot dans le Dictionnaire (page 226).

2. Il pourra consulter le thème « Habillement » dans le chapitre « Achats ». Si le mot « habillement » ne lui vient pas immédiatement à l'esprit, le lecteur trouvera également le renvoi à cette rubrique dans l'Index, aux mots « vêtements » et « prêt-à-porter ».

La consultation de la rubrique « Habillement » présente l'avantage, par rapport au dictionnaire, de faciliter la formulation de la demande par l'emploi de phrases et de mots complémentaires figurant en ordre alphabétique et dans le vocabulaire de l'« Habillement ». Le lecteur sera ainsi immédiatement en mesure de nommer le « pantalon », la « veste », le « tissu », la « couleur »... et de formuler ses observations et ses demandes : « Je voudrais un costume coupé suivant ce modèle », « Auriez-vous le même modèle dans une autre couleur ? », « Il faudrait raccourcir les manches », « Pourriez-vous me montrer autre chose ? », « Puis-je essayer ? », etc.

Certains chapitres ont été particulièrement développés afin d'apporter une aide maximale au voyageur dans les domaines importants que sont la santé, la voiture et... les loisirs.

Notes du traducteur

L'espagnol parlé en Espagne est parfaitement compris en Amérique latine. Cependant, il existe de nombreux termes qui sont propres à certains pays ou certaines régions et dont l'utilisation facilite la communication. Nous nous sommes ainsi efforcés d'introduire dans le vocabulaire correspondant aux différentes situations les termes locaux, en indiquant, quand il s'agit d'un emploi plus localisé, le ou les pays concernés.

Toutefois, il nous a été impossible d'entrer dans des détails de distribution géographique du vocabulaire, et vous aurez souvent l'occasion de constater qu'un mot employé au Mexique, par exemple, s'emploie aussi dans certains pays d'Amérique centrale, ou qu'une expression signalée par l'abréviation **AmL** est plus fréquente dans les pays tropicaux que dans les pays de la partie australe, ou vice versa.

En règle générale, commencez toujours par utiliser le mot signalé comme local (voir ci-dessous : Abréviations), puis, si votre interlocuteur a du mal à vous comprendre, référez-vous au mot espagnol standard.

Abréviations utilisées dans le vocabulaire :

AmL : Amérique latine.

Arg : Argentine.

Chi : Chili.

Col : Colombie.

Mex : Mexique.

Pér : Pérou.

Abrégé de grammaire

Ce mémento grammatical, non exhaustif, se limite à un panorama général de la grammaire espagnole qui vous permettra d'élargir vos possibilités d'expression et de satisfaire votre curiosité sur le plan grammatical.

L'article

L'article défini

	Singulier	Pluriel
Masculin	(le) *el avión*	(les) *los aviones*
Féminin	(la) *la puerta*	(les) *las puertas*

L'article indéfini

	Singulier	Pluriel
Masculin	(un) *un autobús*	(des) *unos autobuses*
Féminin	(une) *una señora*	(des) *unas señoras*

Attention ! l'article indéfini pluriel est très souvent omis (en fait, *unos / unas* ont plutôt le sens de « quelques »).

> *Quisiera comprar cigarrillos* = Je voudrais acheter des cigarettes.
> *Tengo amigos en Madrid* = J'ai des amis à Madrid.

L'article partitif

Il n'existe pas en espagnol.

> *Bebo vino* = Je bois du vin.
> *Quisiera cerveza* = Je voudrais de la bière.

Le genre et le nombre

Les noms et les adjectifs qui se terminent par un « o » sont généralement masculins :

> *el vino* = le vin ; *el ojo* = l'œil ; *el aeropuerto* = l'aéroport
> (une exception importante : *la mano* = la main).

Les noms et les adjectifs qui se terminent par un « a » sont généralement féminins :

> *la playa* = la plage ; *la mesa* = la table ; *la silla* = la chaise.

Les exceptions sont cependant nombreuses : *el día* = le jour ; *el sistema* = le système ; *el problema* = le problème.

Sont féminins aussi les noms terminés par « ción », « sión », « zón », « dad » et « tad » :

> *La nación* = la nation ; *la libertad* = la liberté ; *la bondad* = la bonté.

Le féminin des adjectifs et de beaucoup de noms se forme : soit en remplaçant le « o » final par un « a » :

> *Contento* = contenta ; *bonito* = bonita ;

soit en ajoutant aux adjectifs de nationalité un « a » à la consonne finale :

> *Español* = española ; *francés* = francesa.

La plupart des adjectifs ayant une autre terminaison restent invariables.

Le pluriel se forme en ajoutant un « s » aux mots terminés par une voyelle, et « es » aux mots terminés par une consonne :

> *Calle* = calles ; *libro* = libros ; *cama* = camas.
> *Avión* = aviones ; *árbol* = árboles ; *flor* = flores.

Les possessifs

Les adjectifs possessifs

	Singulier	Pluriel
1re pers. sing.	**(mon, ma) *mi***	(mes) *mis*
2e pers. sing.	**(ton, ta) *tu***	(tes) *tus*
3e pers. sing.	**(son, sa) *su***	(ses) *sus*
1re pers. plur.	**(notre) *nuestro(a)***	(nos) *nuestros(as)*
2e pers. plur.	**(votre) *vuestro(a)***	(vos) *vuestros(as)*
3e pers. plur.	**(leur) *su***	(leurs) *sus*

Notez que la distinction masculin / féminin ne se fait qu'à la première et à la deuxième personne du pluriel.

Les pronoms possessifs

Singulier	Pluriel
1re pers. sing. (le-la mien-ne) *mío(a)*	*(les miens-nes) míos(as)*
2e pers. sing. (le-la tien-ne) *tuyo(a)*	*(les tiens-nes) tuyos(as)*
3e pers. sing. (le-la sien-ne) *suyo(a)*	(les siens-nes) *suyos(as)*
1re pers. plur. (le-la nôtre) *nuestro(a)*	(les nôtres) *nuestros(as)*
2e pers. plur. (le-la vôtre) *vuestro(a)*	(les vôtres) *vuestros(as)*
3e pers. plur. (le-la leur) suyo(a)	(les leurs) *suyos(as)*

Estas maletas son mías = Ces valises sont à moi (miennes).
Este pasaporte no es tuyo = Ce passeport n'est pas à toi (tien).
Estos documentos son los nuestros = Ces papiers sont à nous (nôtres).

Les démonstratifs

Dans l'espace autant que dans le temps, l'espagnol conçoit trois plans d'éloignement, et les adjectifs démonstratifs traduisent ces différents degrés par trois séries distinctes :

	1er plan	2e plan	3e plan
	aquí (ici)	*allí* (là)	*allá* (là-bas)
Masculin sing.	*este*	*ese*	*aquel*
Féminin sing.	*esta*	*esa*	*aquella*
Masculin plur.	*estos*	*esos*	*aquellos*
Féminin plur.	*estas*	*esas*	*aquellas*
Neutre	*esto*	*eso*	*aquello*

Este camping es excelente = Ce camping est excellent.

Esas pistas son peligrosas = Ces pistes-là sont dangereuses.

Aquellas vacaciones han sido extraordinarias = Ces vacances-là ont été extraordinaires.

Les pronoms démonstratifs s'obtiennent en mettant un accent sur la voyelle tonique des adjectifs (la différence n'est donc qu'orthographique).

Este hotel es bueno pero ése es mejor = Cet hôtel est bon mais celui-là est meilleur.

¿Qué restaurante prefieres, éste o ése? = Quel restaurant préfères-tu, celui-ci ou celui-là ?

Les comparatifs

Más... que = plus... que.

Este hotel es más caro que el otro = Cet hôtel est plus cher que l'autre.

He comprado más recuerdos que tú = J'ai acheté plus de souvenirs que toi.

Menos... que = moins... que.

Esta iglesia es menos bonita que ésa = Cette église est moins belle que celle-là.

Il fait moins froid qu'hier = *Hace menos frío que ayer.*

Tan... como = aussi... que.

Esta carretera es tan buena como la otra = Cette route est aussi bonne que l'autre.

Eres tan distraído como yo = Tu es aussi distrait que moi.

Tanto(a, os, as)... como = autant de... que.

Tenemos tanto equipaje como ustedes = Nous avons autant de bagages que vous.

Hay tantas frutas como en Francia = Il y a autant de fruits qu'en France.

Les superlatifs

El más grande = le plus grand.

El menos interesante = le moins intéressant.

El mejor = le meilleur.

El peor = le pire.

El mayor = le plus grand.

El menor = le plus petit.

La négation

Pour exprimer la négation, il suffit de placer avant le verbe la particule négative *no* :

> *Soy de Lima / No soy de Lima* = Je suis de Lima / Je ne suis pas de Lima.
> *No hay lugar en el hotel* = Il n'y a pas de place à l'hôtel.

Verbes et conjugaisons

Nous avons délibérément exclu les modes et temps verbaux présentant trop de complexité ou de difficultés (subjonctif, impératif, prétérit). En revanche, nous vous donnerons les éléments nécessaires pour que vous puissiez vous exprimer au présent (présent et gérondif), au passé (passé composé et imparfait) et au futur (futur proche) en utilisant les verbes réguliers et les verbes irréguliers les plus courants.

Notez, dès à présent, qu'il existe trois groupes de verbes identifiables par leurs terminaisons : AR, ER et IR.

Les différentes personnes (pronoms sujets)

Dans la conjugaison, les pronoms personnels sujets n'ont pas la même distribution qu'en français :

1re pers. sing. = *yo*	**(je)**
2e pers. sing. = *tú*	**(tu)**
3e pers. sing. = *él*	**(il)**
ella	**(elle)**
usted	**(vous singulier de politesse)**

1re pers. plur. = *nosotros*	(nous)
2e pers. plur. = *vosotros*	**(vous, pluriel familier ; il s'agit en fait du pluriel de *tú*.** Cette forme n'existe cependant pas en Amérique latine où elle est remplacée par « ustedes »).
3e pers. plur. = *ellos*	(ils)
ellas	(elles)
ustedes	(vous pluriel de politesse)

Notez que le « vous » français peut se traduire de trois façons distinctes, selon la quantité et la qualité des interlocuteurs (usted, vosotros, ustedes).

Souvenez-vous qu'en Amérique latine *vosotros* devient *ustedes* (pas de différence, au pluriel, entre la forme familière et la forme de courtoisie).

Sachez aussi qu'en espagnol le tutoiement est plus spontané et plus répandu qu'en français. Néanmoins, et afin de ne pas commettre de maladresses, attendez que ce soit votre interlocuteur qui l'emploie le premier.

Dernière remarque concernant les personnes : le pronom personnel sujet est rarement prononcé. Pour « Je suis français » on dira *Soy francés*, car *Yo soy francés* a plutôt le sens de « Moi, je suis français ».

Le présent

Modèle pour les trois groupes réguliers :

	AR	*ER*	*IR*
	HABLAR	*COMER*	*VIVIR*
	(parler)	(manger)	(vivre / habiter)
yo	*hablo*	*como*	*vivo*
tú	*hablas*	*comes*	*vives*
él / ella	*habla*	*come*	*vive*
usted	*habla*	*come*	*vive*
nosotros	*hablamos*	*comemos*	*vivimos*

vosotros	*habláis*	*coméis*	*vivís*
ellos / ellas	*hablan*	*comen*	*viven*
ustedes	*hablan*	*comen*	*viven*

Quelques verbes irréguliers

	*SER**	*ESTAR**	*IR*
	(être)	(être)	(aller)
yo	*soy*	*estoy*	*voy*
tú	*eres*	*estás*	*vas*
él / ella	*es*	*está*	*va*
usted	*es*	*está*	*va*
nosotros	*somos*	*estamos*	*vamos*
vosotros	*sóis*	*estáis*	*váis*
ellos / ellas	*son*	*están*	*van*
ustedes	*son*	*están*	*van*

	TENER	*VENIR*	*DECIR*
	(avoir)	(venir)	(dire)
yo	*tengo*	*vengo*	*digo*
tú	*tienes*	*vienes*	*dices*
él / ella	*tiene*	*viene*	*dice*
usted	*tiene*	*viene*	*dice*
nosotros	*tenemos*	*venimos*	*decimos*
vosotros	*tenéis*	*venís*	*decís*
ellos / ellas	*tienen*	*vienen*	*dicen*
ustedes	*tienen*	*vienen*	*dicen*

	CONOCER	*PODER*	*SABER*
	(connaître)	(pouvoir)	(savoir)
yo	*conozco*	*puedo*	*sé*
tú	*conoces*	*puedes*	*sabes*
él / ella	*conoce*	*puede*	*sabe*
usted	*conoce*	*puede*	*sabe*
nosotros	*conocemos*	*podemos*	*sabemos*
vosotros	*conocéis*	*podéis*	*sabéis*
ellos / ellas	*conocen*	*pueden*	*saben*
ustedes	*conocen*	*pueden*	*saben*

* ÊTRE = *SER ou ESTAR ?*

Le verbe *SER* traduit le verbe ÊTRE dans les cas suivants :

- Quand on exprime des caractéristiques permanentes, invariables :

  Identité : *Soy el señor Fabre* = Je suis monsieur Fabre.
  Nationalité : *Somos franceses* = Nous sommes français.
  Profession : *¿Es usted médico?* = Êtes-vous médecin ?

- Quand on nomme, définit, décrit quelqu'un ou quelque chose :

  ¿Quién es? = Qui est-ce ?
  Es Juan = C'est Juan.
  El hotel es limpio. = L'hôtel est propre.

- Quand on exprime l'heure :

  ¿Qué hora es? = Quelle heure est-il ?
  Es la una = Il est une heure.
  Son las cuatro = Il est quatre heures.

- Quand on parle de prix :

  ¿Cuánto es? = C'est combien ?
  Son quinientos Euros = (Cela fait) 500 euros.

- Quand on exprime la possession :

  Es mi habitación = C'est ma chambre.

- Dans certaines structures impersonnelles :

  Es fácil hablar español = Il est facile de parler espagnol.

Le verbe *ESTAR* traduit le verbe ÊTRE dans les cas suivants :

- Quand on exprime des caractéristiques variables :

  ¿Cómo está usted? = Comment allez-vous (êtes-vous) ?
  Estoy bien pero estoy cansado = Je vais bien mais je suis fatigué.

- Quand on exprime la situation spatiale, géographique :

> *¿Dónde está el Museo del Prado?* = Où est le musée du Prado ?
> *Está lejos de aquí* = Il est loin d'ici.
> *Málaga está en Andalucía* = Málaga est en Andalousie.

- Dans la formation du gérondif (forme progressive) :

> *Estoy estudiando español* = J'étudie l'espagnol.

Le gérondif (forme progressive)

Cette forme correspond au français « être en train de » et sert à traduire beaucoup de phrases qui, en français, seraient dites au présent. Cette forme se construit avec le présent du verbe *ESTAR* suivi du gérondif.

Comment former le gérondif ?

- Verbes en *AR* : remplacez la terminaison par *ANDO* : *hablar = hablando ; trabajar = trabajando.*
- Verbes en *ER* et en *IR* : remplacez la terminaison par *IENDO* : *beber = bebiendo ; leer = leyendo* (« i » devient « y » entre deux voyelles).

> *Estoy buscando una farmacia* = Je suis en train de chercher une pharmacie, ou simplement : Je cherche une pharmacie.
> *Estamos visitando Madrid* = Nous visitons Madrid.
> *¿Estás comiendo?* = Tu manges ?

Le passé composé

Il se construit avec le présent de l'auxiliaire verbal *HABER* suivi du participe passé qui reste invariable.

Présent de l'auxiliaire HABER :

yo	*he*
tú	*has*
él / ella	*ha*
usted	*ha*
nosotros	*hemos*

vosotros	*habéis*
ellos / ellas	*han*
ustedes	*han*

Formation du participe :

- Verbes en *AR* : remplacez la terminaison par *ADO* : *tomar = tomado ; ganar = ganado.*
- Verbes en *ER* et en *IR* : remplacez la terminaison par *IDO* : comer = comido ; ir = ido.

> *He trabajado mucho hoy* = J'ai beaucoup travaillé aujourd'hui.
>
> *¿Has comido ya ?* = Tu as déjà mangé?
>
> *¿Ha tenido usted un accidente ?* = Avez-vous eu un accident?

Quelques participes irréguliers :

hacer **(faire)** = ***hecho***
decir **(dire)** = ***dicho***
escribir **(écrire)** = ***escrito***
ver **(voir)** = ***visto***
abrir **(ouvrir)** = ***abierto***
cubrir **(couvrir)** = ***cubierto***
romper **(casser)** = ***roto***
morir **(mourir)** = ***muerto***
poner **(mettre)** = ***puesto***
volver **(revenir)** = ***vuelto***

L'imparfait

Pour les verbes en *AR* = remplacez la terminaison par *ABA...*

Pour les verbes en *ER* et en *IR* = remplacez la terminaison par *ÍA...*

	AR	*ER*	*IR*
	HABLAR	*COMER*	*VIVIR*
	(parler)	(manger)	(vivre)
yo	*hablaba*	*comía*	*vivía*
tú	*hablabas*	*comías*	*vivías*
él / ella	*hablaba*	*comía*	*vivía*

usted	*hablaba*	*comía*	*vivía*
nosotros	*hablábamos*	*comíamos*	*vivíais*
vosotros	*hablábais*	*comíais*	*vivíais*
ellos / ellas	*hablaban*	*comían*	*vivían*
ustedes	*hablaban*	*comían*	*vivían*

Trois verbes irréguliers seulement :

	SER	*VER*	*IR*
	(être)	(voir)	(aller)
yo	*era*	*veía*	*iba*
tú	*eras*	*veías*	*ibas*
él / ella	*era*	*veía*	*iba*
usted	*era*	*veía*	*iba*
nosotros	*éramos*	*veíamos*	*íbamos*
vosotros	*érais*	*veíais*	*íbais*
ellos / ellas	*eran*	*veían*	*iban*
ustedes	*eran*	*veían*	*iban*

Le futur proche

Vous pouvez utiliser cette forme pour exprimer des actions immédiates aussi bien que des projets plus lointains. Le futur proche se construit avec le présent du verbe *IR* + *A* + infinitif.

> *Voy a tomar el avión* = Je vais prendre l'avion.
> *Vamos a comprar flores* = Nous allons acheter des fleurs.
> *En agosto, voy a ir a Acapulco* = En août, je vais aller à Acapulco.

Le conditionnel

Nous avons volontairement exclu ce temps car il s'emploie surtout dans les phrases conditionnelles qui sont d'une extrême complexité et dont vous n'aurez pratiquement pas à vous servir.

Le conditionnel « Je voudrais... » – indispensable à tout voyageur – se traduit par le subjonctif passé. En voici la conjugaison :

yo	*quisiera*
tú	*quisieras*
él / ella	*quisiera*
usted	*quisiera*
nosotros	*quisiéramos*
vosotros	*quisiérais*
ellos / ellas	*quisieran*
ustedes	*quisieran*

Code de prononciation

Vous trouverez ci-dessous les différents sons espagnols suivis de la transcription phonétique que nous nous sommes efforcés de simplifier afin d'en faciliter la lecture. Il faut pourtant signaler qu'il existe de nombreuses variantes phonétiques – régionales et même nationales – dont il n'est pas possible de tenir compte ici. Néanmoins, le bon usage que vous ferez du code ci-dessous vous garantit une compréhension totale de la part de votre interlocuteur, qu'il soit espagnol ou latino-américain.
Les caractères **gras** indiquent la place de l'accent tonique. N'hésitez donc pas à appuyer sur les voyelles grasses : le respect de l'accent tonique est aussi important, sinon plus, que la bonne prononciation des différents sons.

Son	Se prononce	Symbole	Exemple
Voyelles :			
a	comme en français	a	casa = **ka**ssa
e	entre « é » et « è »	ė	calle = **ka**yė
i	comme en français	i	visita = vissi**ta**
o	plutôt ouvert	o	moto = m**oto**
u	comme « ou » français	ou	sur = sour
Consonnes :			
b	comme en français, parfois moins articulé	b	árbol = **ar**bol
c	+a +o +u, comme en français	k	caro = **ka**ro
	en Espagne : +e +i, se prononce en plaçant la pointe de la langue entre les dents ;	ç	servicio = sėrvi**çio**
	en Amérique latine : comme « ss » français (si vous prononcez « ss » aussi en Espagne, vous serez toujours parfaitement compris...)		servicio = sėrvis**sio**
ch	se prononce « tch »	tch	chal = tchal
d	comme en français, parfois moins articulé en fin de mot	d	doctor = dok**tor**
f	comme en français	f	foto = **fo**to

Code de prononciation

Son	Se prononce	Symbole	Exemple
g	+a +o +u +ue +ui, moins articulé qu'en français	g	guerra = **guèrra**
	+e +i, comme la prononciation de « j » (voir ci-dessous)	rh	gitana = **rhitana**
h	toujours muet, ne se transcrit pas	– –	hola = **ola**
j	comme « r » guttural, gratté et dur ; en Amérique latine, et notamment en Amérique centrale, le « j » est beaucoup plus doux et est parfois perçu comme une simple expiration	rh	jota = **rhota**
	(l'apostrophe avant le rh apparaît seulement en milieu de mot pour vous éviter de prononcer un « r » séparé du « h »)	'rh	**ojo** = **o'rho**
k	comme en français	k	kilo = **kilo**
l	comme en français	l	lago = **lago**
ll	comme le « y » français (payer)	y	calle = **kayè**
m	comme en français	m	mano = **mano**
n	comme en français il n'est pas nasalisé	n	negro = **nègro**
	et doit se prononcer « nn » en fin de syllabe ou fin de mot	nn	**fin** = **finn**
ñ	comme « gn » français	gn	niño = **nigno**
p	comme en français	p	poco = **poko**
q	comme en français	k	quién = **kiènn**
r	comme le « r » roulé français	r	pero = **pèro**
rr	comme le « r » mais de manière plus accentuée	rr	carro = **karro**
s	comme « ss » en français	s	sal = **sal**
	pour vous éviter de l'adoucir entre deux voyelles ou de l'omettre en fin de mot, nous l'avons transcrit « ss » dans ces deux positions :	ss	rosa = **rossa** más = **mass**
t	comme en français	t	todo = **todo**

Son	Se prononce	Symbole	Exemple
v	comme en français, parfois moins articulé	v	vida = **vida**
w	se prononce « ou »	ou	water = ou**atèr**
x	comme k+s	ks	taxi = **taksi**
y	se prononce « i » dans deux cas, la conjonction y (et) et en fin de mot ; dans les autres positions, il se prononce comme « y » (yoga, payer)	i y	hay = **aï** **yo** = **yo**
z	en Espagne, se prononce en plaçant la pointe de la langue entre les dents ; en Amérique latine : comme « ss » français (vous pouvez prononcer « ss » aussi en Espagne, on vous comprendra parfaitement...)	ç ss	lazo = **laço** lazo = **lasso**

Les bases de la conversation

Âge • Dates

âge • dates
edad (édad) • fechas (fétchass)

Quel **âge** avez-vous ?

¿Cuántos años tiene usted?
¿kouanntoss agnoss tiėnė oustėd?

J'ai vingt et un **ans**... trente ans.

Tengo veintiún años... treinta años.
tėnngo vėinntiounn agnoss... trėinnta agnoss.

J'aurai... **ans** dans... mois.

Voy a cumplir... años dentro de... meses.
voï a koumplir... agnoss dėnntro dė... mėssėss.

J'ai un (trois) **an(s)** de plus que...

Tengo un (tres) año(s) más que...
tėnngo ounn (trėss) agno(ss) mass kė...

Quelle **date** sommes-nous ?

¿A cuánto estamos?
¿a kouannto ėstamoss?

Il (elle) paraît plus **jeune** que son âge.

No representa su edad.
no rrėprėssėnnta sou ėdad.

Nous sommes le 24 août, **jour** de mon anniversaire.

Estamos a veinticuatro de agosto, día de mi cumpleaños.
ėstamoss a vėinntikouatro dė agosto, dia dė mi koumplėagnoss.

SPECTACLES INTERDITS AUX MOINS DE 18 ANS... AUX MINEURS... AUX ENFANTS DE MOINS DE 10 ANS.

SE PROHIBE LA ENTRADA A LOS MENORES DE 18 AÑOS... A LOS MENORES DE EDAD... A LOS NIÑOS MENORES DE 10 AÑOS.

sé proïbé la énntrada a loss ménoréss dé dièçiotcho agnoss... a loss ménoréss dé édad... a los nignoss ménoréss dé dièç agnoss.

Vocabulaire		
Adultes	*los adultos*	adoultoss
Anniversaire	*el cumpleaños*	koumpléagnoss
– de mariage	*el aniversario de matrimonio*	anivèrsario dé matrimonio
Ans	*los años*	agnoss
Aujourd'hui	*hoy*	oï
Centenaire	*el centenario*	çénnténario
Date de naissance	*la fecha de nacimiento*	fètcha dé naçimiènnto
Demain	*mañana*	magnana
Hier	*ayer*	ayèr
Jeune	*joven*	rhovénn
Jeunesse	*la juventud*	rhouvénntoud
Jour	*el día*	dia
Majeur	*mayor de edad*	mayor dé édad
Mineur	*menor de edad*	ménor dé édad
Mois	*un mes*	méss
Naissance	*el nacimiento*	naçimiènnto
Naître	*nacer*	naçèr
Né le (je suis)	*nací el*	naçi él
Vieillesse	*la vejez*	vé'rhèç
Vieillir	*envejecer*	énnvé'rhéçèr
Vieux	*viejo*	viè'rho

Expressions usuelles

expresiones usuales
ékspréssionéss oussoualéss

Vocabulaire		
À	*a, en*	a, ènn
À cause de	*a causa de, por*	a kaoussa dė, por
À côté de	*al lado de*	al lado dė
À droite	*a la derecha*	a la dėrètcha
À gauche	*a la izquierda*	a la içkièrda
Ainsi	*así*	assi
Alors	*entonces*	ènntonnçèss
Ancien	*antiguo*	anntigouo
À peine	*a penas*	a pènass
Après	*después*	dèspouèss
Assez	*bastante*	bastanntė
À travers	*a través*	a travèss
Au contraire	*al contrario*	al konntrario
Au-dessous	*debajo*	dėba'rho
Au-dessus	*encima*	ènnçima
Au milieu de	*al (en) medio de*	al (ènn) mèdio dė
Autant	*tanto*	tannto
Autant que	*tanto como*	tannto komo
Autour	*alrededor*	alrrėdėdor
Avant	*antes*	anntèss
Avec	*con*	konn
Beau	*hermoso, bello, bonito (AmL : lindo)*	èrmosso, bèyo, bonito linndo
Bientôt	*luego*	louègo
Bon appétit	*buen provecho*	bouènn provètcho
Bonjour	*buenos días*	bouènoss diass
Bon marché	*barato*	barato
Bonne nuit	*buenas noches*	bouènass notchèss
Bonsoir	*buenas tardes*	bouènass tardèss
Ça ne fait rien	*no importa (Mex : ni modo)*	no importa ni modo
Ça suffit	*basta, es suficiente*	basta, èss souficiènntė
Car	*pues, ya que*	pouèss, ya kė

Ce, cet, cette	*este, este, esta*	ėstė, ėstė, ėsta
Cela m'est égal	*me da lo mismo*	mė da lo mismo
Cela va de soi	*es evidente*	ėss ėvidėnntė
Celui-ci, celle-ci	*éste, ésta*	ėstė, ėsta
Ceux-ci, celles-ci	*éstos, éstas*	ėstoss, ėstass
Cependant	*sin embargo*	sinn ėmbargo
Certainement	*por supuesto, seguro*	por soupouėsto, sėgouro
C'est	*es*	ėss
Ce n'est pas	*no es*	no ėss
C'est à moi	*es mío*	ėss mio
C'est à lui	*es suyo*	ėss souyo
C'est à elle	*es suyo*	ėss souyo
Chacun	*cada uno*	kada ouno
Chaque	*cada*	kada
Chaud	*caliente*	kaliėnntė
Cher	*caro*	karo
Combien ?	*¿cuánto?*	kouannto
Comment ?	*¿cómo?*	komo
Comprends (je)	*entiendo*	ėnntiėnndo
Comprends pas (je ne)	*no entiendo*	no ėnntiėnndo
D'accord	*de acuerdo*	dė akouėrdo
Davantage	*más*	mass
Debout	*de pie*	dė piė
Dedans	*adentro*	adėnntro
Dehors	*afuera*	afouėra
Déjà	*ya*	ya
Dépêchez-vous	*¡de prisa! (AmL : apúrese)*	dė prissa apourėssė
Depuis	*desde*	dėsdė
Derrière	*detrás*	dėtrass
Dessous	*debajo*	dėba'rho
Dessus	*encima*	ėnnçima
De temps en temps	*de vez en cuando*	dė vėç ėnn kouanndo
Devant	*delante*	dėlanntė
Difficile	*difícil*	difiçil
En arrière	*atrás*	atrass
En avant	*adelante*	adėlanntė
En bas	*abajo*	aba'rho
En dehors	*afuera*	afouėra

En effet	*en realidad, en efecto*	ènn rrèalidad, ènn èfèkto
En face de	*frente a*	frènntè a
En haut	*arriba*	arriba
Est-ce	*es*	èss
Est-ce pas (n')	*¿verdad?* *(AmL : ¿no es cierto?)*	vèrdad no èss çièrto
Et	*y*	i
Facile	*fácil*	façil
Faim (j'ai)	*tengo hambre*	tènngo ambrè
Fatigué (je suis)	*estoy cansado*	èstoï kannsado
Faux	*falso*	falso
Fermé	*cerrado*	çèrrado
Froid	*frío*	frio
Gentil	*amable*	amablè
Grand	*grande*	granndè
Ici	*aquí* *(AmL : acá)*	aki aka
Il y a	*hay*	aï
Il n'y a pas	*no hay*	no aï
Importance (sans)	*sin importancia*	sinn importannçia
Important (c'est)	*es importante*	èss importanntè
Impossible (c'est)	*es imposible*	èss impossiblè
Jamais	*nunca, jamás*	nounnka, rhamass
Jusqu'à	*hasta*	asta
Jeune	*joven*	rhovènn
Juste	*justo*	rhousto
Là	*allí, ahí*	ayi, aï
Là-bas	*allá*	aya
Laid	*feo*	fèo
Léger	*ligero* *(AmL : liviano)*	li'rhèro liviano
Lequel, laquelle	*cuál*	koual
Lesquels, lesquelles	*cuáles*	koualèss
Loin	*lejos*	lè'rhoss
Longtemps	*mucho tiempo*	moutcho tièmpo
Lourd	*pesado*	pèssado
Maintenant	*ahora (Mex : ahorita)*	aora, aorita
Malgré	*a pesar de*	a pèssar dè

Mauvais	*malo*	malo
Méchant	*malo*	malo
Meilleur	*mejor*	mé'rhor
Nouveau	*nuevo*	nouèvo
Ou	*o*	o
Où	*dónde*	donndé
Ou bien	*o bien*	o biènn
Ouvert	*abierto*	abièrto
Par	*por*	por
Parce que	*porque*	porké
Par exemple	*por ejemplo*	por é'rhèmplo
Parfois	*a veces*	a vèçèss
Par ici	*por aquí*	por aki
Parmi	*entre*	ènntré
Partout	*por (en) todas partes*	por (ènn) todass partèss
Pas assez	*no suficientemente*	no souficiènntèmènnté
Pas du tout	*en absoluto*	ènn absolouto
Pas encore	*todavía no*	todavia no
Pas tout à fait	*no del todo*	no dèl todo
Pendant	*durante*	dourannté
Petit	*pequeño (AmL : chico)*	pèkègno tchiko
Peu	*poco*	poko
Peut-être	*quizá(s)*	kiça(ss)
Pire	*peor*	péor
Plusieurs fois	*varias veces*	variass vèçèss
Pour	*para*	para
Pourquoi ?	*¿por qué?*	por ké
Près	*cerca*	çèrka
Presque	*casi*	kassi
Probablement	*probablemente*	probablèmènnté
Puis-je ?	*¿puedo?*	pouèdo
Quand pouvez-vous ?	*¿cuándo puede usted?*	kouanndo pouèdé oustèd
Quel, quelle	*qué*	ké
Quelquefois	*a veces*	a vèçèss
Qui ?	*¿quién(es)?*	kiènn(èss)
Quoi ?	*¿qué?*	ké
Quoique	*aunque*	aounnké

Sans	*sin*	sinn
Sans doute	*sin duda*	sinn douda
Si *(condition)*	*si*	si
Sommeil (j'ai)	*tengo sueño*	tènngo souègno
Sous	*bajo*	ba'rho
Sous peu	*dentro de poco*	dènntro dè poko
Sur	*sobre*	sobrè
Tant	*tanto*	tannto
Tant mieux	*tanto mejor*	tannto mè'rhor
Tant pis	*tanto peor, mala suerte*	tannto pèor, mala souèrtè
Tard	*tarde*	tardè
Temps (je n'ai pas le)	*no tengo tiempo*	no tènngo tièmpo
Tôt	*temprano*	tèmprano
Très	*muy*	moui
Très bien, merci	*muy bien, gracias*	moui biènn, graçiass
Trop	*demasiado*	dèmassiado
Urgent (c'est)	*es urgente*	èss our'rhènntè
Vers	*hacia*	açia
Veux pas (je ne)	*no quiero*	no kièro
Vieux	*viejo*	viè'rho
Vite	*rápidamente (rápido)*	rrapidamènntè, rrapido
Voici	*aquí tiene*	aki tiènè
Volontiers	*con mucho gusto*	konn moutcho gousto
Y a-t-il ?	*¿hay?*	aï

Famille

familia
familia

Vocabulaire		
Adultes	*los adultos*	adoultoss
Aimer	*querer, amar*	kèrèr, amar
Beau-frère	*el cuñado*	kougnado
Beau-père	*el suegro*	souègro
Belle-fille	*la nuera*	nouèra
Belle-mère	*la suegra*	souègra

Célibataire	*soltero (a)*	soltèro (a)
Cousin(e)	*el primo, la prima*	primo (a)
Descendants	*los descendientes*	dèçènndiènntèss
Divorce	*el divorcio*	divorçio
Enfants	*los hijos*	i'rhoss
Femme (générique)	*la mujer*	mou'rhèr
Femme (épouse)	*la esposa, señora*	èspossa, sègnora
Fiançailles	*los esponsales*	èsponnssalèss
Fiancé(e)	*el novio, la novia*	novio (a)
Fille	*la hija*	i'rha
Fils	*el hijo*	i'rho
Frère	*el hermano*	èrmano
Garçon	*un chico, muchacho*	tchiko, moutchatcho
Gendre	*el yerno*	yèrno
Grand-mère	*la abuela*	abouèla
Grand-père	*el abuelo*	abouèlo
Grands-parents	*los abuelos*	abouèloss
Homme	*el hombre*	ombrè
Mari	*el marido, esposo*	marido, èsposso
Mariage	*la boda, el matrimonio*	boda, matrimonio
Marié(e)	*casado (a)*	kassado (a)
Mère	*la madre*	madrè
Neveu	*el sobrino*	sobrino
Nièce	*la sobrina*	sobrina
Nom	*el apellido*	apèyido
Oncle	*el tío*	tio
Parenté	*el parentezco*	parènntèçko
Parents (père et mère)	*los padres*	padrèss
– (famille)	*los parientes*	pariènntèss
Père	*el padre*	padrè
Petite-fille	*la nieta*	nièta
Petit-fils	*el nieto*	nièto
Prénom	*el nombre (de pila)*	nombrè (dè pila)
Séparé(e)	*separado (a)*	sèparado (a)
Sœur	*la hermana*	èrmana
Tante	*la tía*	tia

Jours fériés

días festivos
diass féstivoss

1er janvier : Jour de l'An	*El Año Nuevo*	agno nouèvo
6 janvier : Épiphanie	*Epifanía*	èpifania
19 mars : Saint-Joseph	*San José*	sann rhossè
Vendredi saint	*Viernes Santo*	vièrnèss sannto
Lundi de Pâques	*Lunes de Pascua*	lounèss dè paskoua
1er mai : Fête du Travail	*Día del Trabajo*	dia dèl traba'rho
Fête-Dieu	*Corpus Cristi*	korpouss kristi
25 juillet : Saint-Jacques	*Santiago Apóstol*	sanntiago apostol
15 août : Assomption	*Asunción*	assounnçionn
12 octobre : Jour de l'Hispanité	*Día de la Hispanidad (AmL : Día de la Raza)*	dia dè la ispanidad dia dè la rraça
1er novembre : Toussaint	*Todos los Santos*	todoss loss sanntoss
8 décembre : Immaculée Conception	*Inmaculada Concepción*	inmakoulada konnçèpçionn
25 décembre : Noël	*Navidad*	navidad

Fête nationale des pays d'Amérique latine		
Argentine : 25 mai	*Argentina : 25 de mayo*	ar'rhènntina : vèinntiçinnko dè mayo
Bolivie : 6 août	*Bolivia : 6 de agosto*	bolivia : sèiss dè agosto
Chili : 18 septembre	*Chile : 18 de septiembre*	tchilè : dièçiotcho dè sèptièmbrè

Colombie : 20 juillet	*Colombia : 20 de julio*	kolombia : vèinntè dè rhoulio
Costa Rica : 15 septembre	*Costa Rica : 15 de septiembre*	kosta rrika : kinnçè dè sèptièmbrè
Cuba : 1er janvier	*Cuba : primero de enero*	kouba : primèro dè ènèro
El Salvador : 15 septembre	*El Salvador : 15 de septiembre*	èl salvador : kinnçè dè sèptièmbrè
Équateur : 10 août	*Ecuador : 10 de agosto*	èkouador : dièç dè agosto
Guatemala : 15 septembre	*Guatemala : 15 de septiembre*	gouatèmala : kinnçè dè sèptièmbrè
Honduras : 15 septembre	*Honduras : 15 de septiembre*	onndourass : kinnçè dè sèptièmbrè
Mexique : 16 septembre	*Méjico : 16 de septiembre*	mè'rhiko : dièçissèiss dè sèptièmbrè
Nicaragua : 15 septembre	*Nicaragua : 15 de septiembre*	nikaragoua : kinnçè dè sèptièmbrè
Panama : 3 novembre	*Panamá : 3 de noviembre*	panama : trèss dè novièmbrè
Paraguay : 14 / 15 mai	*Paraguay : 14 / 15 de mayo*	paragouaï : katorçè i kinnçè dè mayo
Pérou : 28 juillet	*Perú : 28 de julio*	pèrou : vèinntiotcho dè rhoulio
République dominicaine : 27 février	*República dominicana : 27 de febrero*	rrèpoublika dominikana : vèinntissiètè dè fèbrèro
Uruguay : 25 août	*Uruguay : 25 de agosto*	ourougouaï : vèinntiçinnko dè agosto
Venezuela : 5 juillet	*Venezuela : 5 de julio*	vènèçouèla : çinnko dè rhoulio

Mesures / distances

medidas • distancias
(médidass) • (distannçiass)

LONGUEURS	*LONGITUDES*	lonn'rhitoudèss
Centimètre	*un centímetro*	çènntimètro
Kilomètre	*un kilómetro*	kilomètro
Mètre	*un metro*	mètro
Mille marin	*una milla marina*	miya marina
POIDS	*PESOS*	pèssoss
Gramme	*un gramo*	gramo
Hectogramme	*un hectógramo*	èktogramo
Kilogramme	*un kilógramo*	kilogramo
Quintal	*un quintal*	kinntal
Tonne	*una tonelada*	tonèlada
SURFACES	*SUPERFICIES*	soupèrfiçièss
Kilomètre carré	*un kilómetro cuadrado*	kilomètro kouadrado
Mètre carré	*un metro cuadrado*	mètro kouadrado
VOLUMES	*VOLÚMENES*	voloumènnèss
Décalitre	*un decálitro*	dèkalitro
Hectolitre	*un hectólitro*	èktolitro
Litre	*un litro*	litro
Quart	*un cuarto*	kouarto
Mètre cube	*un metro cúbico*	mètro koubiko
DIVERS	*VARIOS*	varioss
Densité	*la densidad*	dènnsidad
Épaisseur	*el espesor*	èspèssor
Étroit	*estrecho*	èstrètcho
Hauteur	*la altura*	altoura
Large	*ancho*	anntcho
Largeur	*el ancho*	anntcho
Long	*largo*	largo
Profondeur	*la profundidad*	profounndidad

Nombres

números
nou**mé**ross

0	*cero*	ç**é**ro
1	*uno*	**ou**no
2	*dos*	d**o**ss
3	*tres*	tr**é**ss
4	*cuatro*	kou**a**tro
5	*cinco*	ç**i**nnko
6	*seis*	s**é**iss
7	*siete*	si**é**té
8	*ocho*	**o**tcho
9	*nueve*	nou**é**vé
10	*diez*	di**é**ç
11	*once*	**o**nnçé
12	*doce*	d**o**çé
13	*trece*	tr**é**çé
14	*catorce*	kat**o**rçé
15	*quince*	k**i**nnçé
16	*dieciséis*	diéçiss**é**iss
17	*diecisiete*	diéçissi**é**té
18	*dieciocho*	diéçi**o**tcho
19	*diecinueve*	diéçinou**é**vé
20	*veinte*	v**é**innté
21	*veintiuno*	véinnt**iou**no
22	*veintidós*	véinntid**o**ss
23	*veintitrés*	véinntitr**é**ss
24	*veinticuatro*	véinntikou**a**tro
25	*veinticinco*	véinntiç**i**nnko
26	*veintiséis*	véinntiss**é**iss
27	*veintisiete*	véinntissi**é**té
28	*veintiocho*	véinnti**o**tcho
29	*veintinueve*	véinntinou**é**vé
30	*treinta*	tr**é**innta
31	*treinta y uno*	tréinntaï**ou**no
32	*treinta y dos*	tréinntaïd**o**ss
40	*cuarenta*	kouar**é**nnta
50	*cincuenta*	çinnkou**é**nnta
60	*sesenta*	séss**é**nnta

70	*setenta*	sètènnta
80	*ochenta*	otchènnta
90	*noventa*	novènnta
100	*cien*	çiènn
200	*doscientos*	doçiènntoss
300	*trescientos*	trèçiènntoss
400	*cuatrocientos*	kouatroçiènntoss
500	*quinientos*	kiniènntoss
600	*seiscientos*	sèiçiènntoss
700	*setecientos*	sètèçiènntoss
800	*ochocientos*	otchoçiènntoss
900	*novecientos*	novèçiènntoss
1 000	*mil*	mil
10 000	*diez mil*	dièç mil
100 000	*cien mil*	çiènn mil
1 000 000	*un millón*	ounn miyonn
Premier	*primero*	primèro
Deuxième	*segundo*	sègounndo
Troisième	*tercero*	tèrçèro
Quatrième	*cuarto*	kouarto
Cinquième	*quinto*	kinnto
Sixième	*sexto*	sèksto
Septième	*séptimo*	sèptimo
Huitième	*octavo*	oktavo
Neuvième	*noveno*	novèno
Dixième	*décimo*	dèçimo
Demi (1/2)	*un medio*	ounn mèdio
Tiers (1/3)	*un tercio*	ounn tèrçio
Quart (1/4)	*un cuarto*	ounn kouarto
Trois quarts (3/4)	*tres cuartos*	trèss kouartoss
2 pour cent	*dos por ciento*	doss por çiènnto
10 pour cent	*diez por ciento*	dièç por çiènnto

Politesse / rencontres

fórmulas de cortesía • encuentros
(formoulass dé kortéssia) • énnkouénn-tross

Puis-je vous **accompagner** ?

¿Puedo acompañarle (la)?
¿pouèdo akompagnarlé (la)?

Pourriez-vous m'**aider** à connaître votre région... votre ville ?

¿Podría usted ayudarme a conocer su región... su ciudad?
¿podria oustèd ayoudarmé a konoçèr sourré'rhionn... sou çioudad?

Vous êtes trop **aimable.**

Usted es muy amable.
oustèd èss moui amablé.

J'**aime** beaucoup votre pays.

Su país me gusta mucho.
sou païss mé gousta moutcho.

Comment vous **appelez**-vous ?

¿Cómo se llama usted?
¿komo sé yama oustèd?

Allons **boire un verre** !

¡Vamos a tomar una copa!
¡vamoss a tomar ouna kopa!

Cessez de m'importuner !

¡Déje de molestarme!
¡dé'rhé dé molèstarmé!

Je ne vous **comprends** pas bien.

No le entiendo bien.
no lé énntiènndo biènn.

Je ne voudrais pas vous **déranger**.

No quisiera molestarle (la).
no kissiera moléstarlé (la).

Je suis **désolé**.

Lo siento mucho.
lo siénnto moutcho.

À quelle **heure** puis-je venir ?

¿A qué hora puedo venir?
¿a ké ora pouédo vénir?

Heureux de vous connaître.

Encantado de conocerle (la).
énnkanntado dé konoçérlé (la).

Un **instant**, s'il vous plaît !

¡Un momento, por favor!
¡ounn momènnto, por favor!

Merci pour cette **invitation**.

Gracias por la invitación.
graçiass por la innvitaçionn.

Nous aimerions vous **inviter** à déjeuner... à dîner.

Nos gustaría invitarle (la) a almorzar... a cenar.
noss goustaria innvitarlé (la) a almorçar... a çénar.

Êtes-vous **libre** ce soir ?

¿Está usted libre esta noche?
¿ésta oustéd libré ésta notché?

Madame, mademoiselle, monsieur, **parlez**-vous français ?

Señora, señorita, señor, ¿habla usted francés?
ségnora, ségnorita, ségnor, ¿abla oustéd frannçéss?

Parlez plus lentement.

Hable más despacio.
ablé mass déspaçio.

Que faites-vous dans la vie ?

¿A qué se dedica?
¿a ké sé dédika?

Je fais **des études.**/ Je **travaille.**

Estudio./Trabajo.
estoudio./trabarho.

De quel **pays** venez-vous ?

¿De qué país viene usted?
¿dé ké païss viéné oustéd?

Je me **permets** de vous présenter madame... mademoiselle... monsieur...

Me permito presentarle a la Señora... a la Señorita... al Señor...
mé pérmito préssénntarlé a la ségnora... a la ségnorita... al ségnor...

Permettez-moi de me présenter.

Permítame presentarme.
pérmitamé préssénntarmé.

Me **permettez-vous** de vous inviter à déjeuner... à dîner... à danser ?

¿Me permite invitarle (la) a almorzar... a cenar... a bailar?
¿mé pérmité innvitarlé (la) a almorçar... a çénar... a baïlar?

Pouvez-vous **répéter**... me dire... s'il vous plaît ?

¿Puede usted repetir... decirme... por favor?
¿pouédé oustéd rrépétir... déçirmé... por favor?

Où peut-on se **retrouver** ?

¿Dónde podemos encontrarnos?
¿donndé podémoss énnkonntrarnoss?

J'espère que nous nous **reverrons.**

Espero que volveremos a vernos.
éspéro ké volvérémoss a vérnoss.

Je suis **seul(e)**, voulez-vous m'accompagner ?

Estoy solo (a), ¿quiere usted acompañarme?
éstoï solo (a), ¿kiéré oustéd akompagnarmé?

Pouvez-vous me laisser votre numéro de **téléphone** ?

¿Puede usted dejarme su número de teléfono?
¿pouédé oustéd dé'rharmé sou nouméro dé téléfono?

Combien de **temps** restez-vous ?

¿Cuánto tiempo se queda usted aquí?
¿kouannto tiémpo sé kéda oustéd aki?

Quel beau **temps**, n'est-ce pas ?

¡Qué buen tiempo¡¿verdad?
¡ké bouénn tiémpo¡¿vérdad?

Je n'ai pas le **temps** de vous parler.

No tengo tiempo de hablarle.
no ténngo tiémpo dé ablarlé.

Depuis combien de **temps** êtes-vous ici ?

¿Desde cuándo está usted aquí?
¿désdé kouanndo ésta oustéd aki?

Je suis en **vacances**... en **voyage d'affaires.**

Estoy de vacaciones... en viaje de negocios.
éstoï dé vakaçionéss... énn via'rhé dé négoçioss.

Vocabulaire		
À bientôt	*hasta pronto*	asta pronnto
À ce soir	*– la noche*	– la notché
À demain	*– mañana*	– magnana
Adieu	*adiós* *(AmL : hasta luego)*	adioss asta louègo
Aider	*ayudar*	ayoudar
Aimerais (j')	*me gustaría*	mé goustaria
Asseyez-vous	*siéntese*	siènntèssé
Attendez-moi	*espéreme*	èspèrèmé
Au revoir	*hasta luego*	asta louègo
– –	*– la vista*	– la vista
Avec plaisir	*con mucho gusto*	konn moutcho gousto
À votre service	*para servirle*	para sèrvirlé
Beau	*bonito, hermoso*	bonito, èrmosso
	(AmL : lindo)	linndo
Belle	*bonita, hermosa*	bonita, èrmossa
	(AmL : linda)	linnda
Bien	*bien*	biènn
Boire	*beber, tomar*	bèbèr, tomar
Bon	*buen(o)*	bouènn(o)
Bon appétit	*buen provecho*	bouènn provètcho
Bonjour, madame	*buenos días, señora*	bouènoss diass, sègnora
– mademoiselle	*– – señorita*	– – sègnorita
– monsieur	*– – señor*	– – sègnor
Bonne nuit	*buenas noches*	bouènass notchèss
Bonsoir	*– tardes (à partir de 12 ou 14 heures)*	– tardèss
Ça va ?	*¿qué tal?*	ké tal
Certainement	*por supuesto*	por soupouèsto
C'est délicieux	*es delicioso*	èss dèliçiosso
C'est merveilleux	*es maravilloso*	èss maraviyosso
C'est possible	*es posible*	èss possiblé
Comment allez-vous ? **Bien, merci, et vous ?**	*¿cómo está usted?* *bien, gracias, ¿y usted?*	komo èsta oustèd biènn, graçiass i oustèd
Comprendre	*entender*	ènntènndèr
Déjeuner	*almorzar* *(Mex : comer)*	almorçar komèr
De rien	*de nada*	dé nada

Dîner	*cenar*	çènar
Dormir	*dormir*	dormir
Enchanté(e)	*encantado (a)*	ènnkanntado (a)
En retard	*atrasado*	atrassado
Entrez, je vous en prie	*pase (entre), por favor*	passè, ènntrè, por favor
Excusez-moi	*perdone, disculpe*	pèrdonè, diskoulpè
Faim (j'ai)	*tengo hambre*	tènngo ambrè
Fatigué (je suis)	*estoy cansado*	èstoï kannsado
Heureux	*feliz*	fèliç
Instant	*un momento*	momènnto
Invitation	*una invitación*	innvitaçionn
Inviter	*invitar*	innvitar
Merci	*gracias*	graçiass
Merci beaucoup	*muchas gracias*	moutchass graçiass
Non	*nó*	no
Oui	*sí*	si
Pardon	*perdón*	pèrdonn
Parler	*hablar, charlar (Mex : platicar) (AmL : conversar)*	ablar, tcharlar platikar konnèvrsar
Perdu (je suis)	*estoy perdido*	èstoï pèrdido
Permettez-moi	*permítame*	pèrmitamè
Peut-être	*quizá(s)*	kiça(ss)
Pourquoi ?	*¿por qué?*	por kè
Pourriez-vous	*¿podría usted?*	podria oustèd
Présenter	*presentar*	prèssènntar
Pressé (je suis)	*tengo prisa (AmL : estoy apurado)*	tènngo prissa èstoï apourado
Profession	*la profesión*	profèçionn
Quand ?	*¿cuándo?*	kouanndo
Quelle heure ? (à)	*¿a qué hora?*	a kè ora
Regretter	*sentir*	sènntir
Répéter	*repetir*	rrèpètir
S'il vous plaît	*por favor*	por favor
Soif (j'ai)	*tengo sed*	tènngo sèd
Sommeil (j'ai)	*tengo sueño*	tènngo souègno
Très bien	*muy bien*	moui biènn
Visiter	*visitar*	vissitar
Volontiers	*con mucho gusto*	konn moutcho gousto
Voudrais (je)	*quisiera*	kissièra

Temps (climat)

tiempo • clima
tiémpo • klima

Quel temps va-t-il faire aujourd'hui ?

¿Cómo va a estar el tiempo hoy?
¿komo va a èstar èl tièmpo oï?

L'aiguille du **baromètre** est sur « variable ».

La aguja del barómetro está en « variable ».
la agou'rha dèl baromètro èsta ènn variablè.

Il y a un épais **brouillard** dans la vallée.

Hay una niebla densa en el valle.
aï ouna nièbla dènnsa ènn èl vayè.

Il fait **chaud** et lourd.

Hace calor y está bochornoso.
açè kalor i èsta botchornosso.

Le **ciel** est clair, il va faire beau et froid... beau et chaud.

El cielo está claro, el tiempo estará bueno y frío... bueno y caluroso.
èl çièlo èsta klaro, el tièmpo èstara bouèno i frio... bouèno i kalourosso.

Il **gèle**.

Está helando.
èsta èlanndo.

Les routes sont **gelées**, il faut mettre des pneus neige.

Las carreteras están con hielo, hay que poner los neumáticos para nieve.
lass karrètèrass èstann konn yèlo, aï kè ponèr loss nèoumatikoss para nièvè.

Il **grêle**.

Está granizando.
èsta graniçanndo.

Il **neige**.

Está nevando.
èsta nèvanndo.

Les **nuages** sont gris et bas, il pourrait bien pleuvoir.

Las nubes están grises y bajas, es probable que llueva.
lass noubèss èstann grissèss i ba'rhass, èss probablè kè youèva.

Il **pleut**.

Está lloviendo.
èsta yoviènndo.

Il va **pleuvoir**... neiger.

Va a llover... nevar.
va a yovèr... nèvar.

La **pluie**... l'orage menace.

Es posible que llueva... que haya una tormenta.
èss possiblè kè youèva... kè aya ouna tormènnta.

Il fait un **temps** chaud et sec depuis... jours.

El tiempo está caluroso y seco desde hace... días.
èl tièmpo èsta kalourosso i sèko dèsdè açè... diass.

Il **tonne**.

Hay truenos.
aï trouènoss.

Il **vente**.

Hay viento.
aï viènnto.

Vocabulaire		
Air	*el aire*	aïrė
Averse	*un aguacero, chubasco*	agouaçėro, tchoubasko
Beau	*hermoso, bueno*	ėrmosso, bouėno
Bleu	*azul*	açoul
Briller	*brillar*	briyar
Brouillard	*la niebla*	niėbla
Brume	*la bruma*	brouma
Chaleur	*el calor*	kalor
Chaud	*caliente, caluroso*	kaliėnntė, kalourosso
Ciel	*el cielo*	çiėlo
Clair	*claro*	klaro
Climat	*el clima*	klima
Couvert	*cubierto*	koubiėrto
Dégagé	*despejado*	dėspė'rhado
Éclair	*un relámpago*	rrėlampago
Éclaircie	*aclarar (verbe)*	aklarar
Frais	*fresco*	frėsko
Froid	*frío*	frio
Se gâter (le temps)	*descomponerse (el tiempo) (AmL : echarse a perder)*	dėskomponėrsė (ėl tiėmpo) ėtcharsė a pėrdėr
Gelé(e)	*helado (a)*	ėlado (a)
Glace	*el hielo*	yėlo
Grêle	*el granizo*	granîço
Gris	*gris*	griss
Humide	*húmedo*	oumėdo
Mouillé	*mojado*	mo'rhado
Neige	*la nieve*	niėvė
Nuage	*una nube*	noubė
Nuageux	*nublado*	noublado
Orage	*una tormenta*	tormėnnta
Ouragan	*un huracán*	ourakann
Parapluie	*un paraguas*	paraguass
Pluie	*la lluvia*	youvia
Pluvieux	*lluvioso*	youviosso
Sec	*seco*	sėko
Soleil	*el sol*	sol
Sombre	*obscuro*	obskouro

Température	*la temperatura*	tèmpèratoura
Tempéré	*temperado*	tèmpèrado
Tempête	*una tempestad, un temporal*	tèmpèstad, tèmporal
Temps (beau)	*buen tiempo*	bouènn tièmpo
– (mauvais)	*mal tiempo*	mal tièmpo
– variable	*tiempo variable*	tièmpo variablè
Tropical	*tropical*	tropikal
Vent	*el viento*	viènnto
Verglacé	*helado, con hielo*	èlado, konn yèlo

Temps (Durée)

tiempo • duración
tiémpo • douraçionn

Quelle heure est-il ?

¿Qué hora es?
¿kè ora èss?

Il est quatre heures dix... et quart... et demie... moins le quart.

Son las cuatro y diez... y cuarto... y media... menos cuarto.
sonn lass kouatro i dièç... i kouarto... i mèdia... mènoss kouarto.

Depuis une heure... huit heures du matin... deux jours... une semaine.

Desde la una... las ocho de la mañana... desde hace dos días... una semana.
dèsdè la ouna... lass otcho dè la magnana... dèsdè açè doss diass... ouna sèmana.

Combien de temps **dure** la représentation... le trajet ?

¿Cuánto tiempo dura la función... el trayecto?
¿kouannto tièmpo doura la founnçionn... èl trayèkto?

Il y a cinq... dix minutes... une heure... deux semaines... un an.

Hace cinco... diez minutos... una hora... dos semanas... un año.
açè çinnko... dièç minoutoss... ouna ora... doss sèmanass... ounn agno.

Pendant la **matinée**... la **soirée**... la **journée**.

Durante la mañana... la tarde (la noche)... el día.
dourannté la magnana... la tardè (la notchè)... èl dia.

L'horloge... la **montre**... la pendule... avance... retarde.

Este reloj adelanta... atrasa.
èstè rrèlo'rh adèlannta... atrassa.

Pendant combien de temps ?

¿Durante cuánto tiempo?
¿dourannté kouannto tièmpo?

Prenons **rendez-vous** pour... à...

Démonos cita el... a las...
dèmonoss çita èl... a lass...

Vocabulaire		
Année	*el año*	agno
– bissextile	*– – bisiesto*	– bissièsto
– dernière	*– – pasado*	– passado
– prochaine	*– – próximo*	– proksimo
Après	*después*	dèspouèss
Après-demain	*pasado mañana*	passado magnana
Après-midi	*la tarde*	tardè
Attendre	*esperar*	èspèrar

Les bases de la conversation

Aujourd'hui	*hoy*	oï
Automne	*el otoño*	otogno
Autrefois	*antes*	anntèss
Avancer	*adelantar*	adèlanntar
Avant	*antes*	anntèss
Avant-hier	*antes de ayer (Mex : antier)*	anntèss dè ayèr anntièr
Avenir	*el futuro*	foutouro
Calendrier	*el calendario*	kalènndario
Changement d'heure	*el cambio de hora*	kambio dè ora
Commencement	*el principio, comienzo*	prinnçipio, komiènnço
Date	*una fecha*	fètcha
Demain	*mañana*	magnana
Demi-heure	*media hora*	mèdia ora
Depuis	*desde*	dèsdè
Dernier	*último*	oultimo
Été	*el verano*	vèrano
Fin	*el fin*	finn
Futur	*el futuro*	foutouro
Heure	*la hora*	ora
– d'été	*– – de verano*	– dè vèrano
– d'hiver	*– – de invierno*	– dè inviènno
Hier	*ayer*	ayèr
Hiver	*el invierno*	inviènno
Instant	*un instante*	innstanntè
JOUR	*UN DÍA*	dia
Lundi	*lunes*	lounèss
Mardi	*martes*	martèss
Mercredi	*miércoles*	mièrkolèss
Jeudi	*jueves*	rhouèvèss
Vendredi	*viernes*	viènèss
Samedi	*sábado*	sabado
Dimanche	*domingo*	dominngo
Jour férié	*un día festivo*	dia fèstivo
– ouvrable	*– – laboral*	– laboral
Matin	*la mañana*	magnana
Midi	*mediodía*	mèdiodia
Minuit	*medianoche*	mèdianotchè
Minute	*un minuto*	minouto

MOIS	*MES*	mėss
Janvier	*enero*	ėnėro
Février	*febrero*	fėbrėro
Mars	*marzo*	março
Avril	*abril*	abril
Mai	*mayo*	mayo
Juin	*junio*	rhounio
Juillet	*julio*	rhoulio
Août	*agosto*	agosto
Septembre	*septiembre*	sėptiėmbrė
Octobre	*octubre*	oktoubrė
Novembre	*noviembre*	noviėmbrė
Décembre	*diciembre*	diçiėmbrė
Moment	*un momento (AmL : un rato)*	momėnnto rrato
Nuit	*la noche*	notchė
Passé	*pasado*	passado
Passer le temps	*pasar el tiempo*	passar ėl tiėmpo
Présent	*presente*	prėssėnntė
Printemps	*la primavera*	primavėra
Quand	*cuando*	kouanndo
Quart d'heure	*un cuarto de hora*	kouarto dė ora
Quinzaine	*quince días*	kinnçė diass
Quotidien	*cotidiano (AmL : diario)*	kotidiano diario
Retard	*un retraso, atraso*	rrėtrasso, atrasso
Retarder	*retrasar, atrasar*	rrėtrassar, atrassar
Saison	*una estación*	ėstaçionn
Seconde (temps)	*un segundo*	sėgounndo
Semaine	*una semana*	sėmana
– dernière	*la – pasada*	– passada
– prochaine	*la – próxima*	– proksima
Siècle	*un siglo*	siglo
Soir	*la tarde, noche*	tardė, notchė
Soirée	*la tarde, noche, velada*	tardė, notchė, vėlada
Tard	*tarde*	tardė
Tôt	*temprano*	tėmprano
Veille	*la víspera*	vispėra
Vite	*de prisa (AmL : rápido)*	dė prissa rrapido
Week-end	*el fin de semana*	finn dė sėmana

En cas de problème

Police

policía
poliçia

Où est le commissariat de police le plus proche ?

¿Dónde está la comisaría más cercana?
¿donndé èsta la komissaria mass çèrkana?

Pouvez-vous m'**aider** ?

¿Puede usted ayudarme?
¿pouèdé oustèd ayoudarmè?

C'est **arrivé** à l'hôtel... dans ma chambre... dans la rue... dans ma voiture... ce matin... cette nuit... hier... maintenant.

Ocurrió en el hotel... en mi habitación... en la calle... en mi coche... esta mañana... esta noche... ayer... ahora.
okourrio ènn èl otèl... ènn mi abitaçionn... ènn la kayé... ènn mi kotché... èsta magnana... èsta notchè... ayèr... aora.

Je voudrais faire une **déclaration** de perte... de vol.

Quisiera hacer una declaración de pérdida... de robo.
kissièra açèr ouna dèklaraçionn dè pèrdida... dè rrobo.

On m'a volé... j'ai **perdu**... mon sac... mes papiers... mon passeport... ma valise... ma voiture... mon appareil photo.

Me han robado... he perdido... mi bolso... mis documentos... mi pasaporte... mi maleta... mi coche... mi cámara fotográfica.

mé ann rrobado... é pérdido...
mi bolso... miss dokouménntoss...
mi passaporté... mi maléta...
mi kotché... mi kamara fotografika.

Je veux **porter plainte.**

Quiero presentar una denuncia.
kiéro présséntar ouna dénounnçia.

On a **volé** dans ma voiture.

Me han robado en el coche.
mé ann rrobado énn él kotché.

Vocabulaire		
Abîmer	*estropear (AmL : echar a perder)*	éstropéar étchar a pérdér
Accident	*un accidente*	akçidénnté
Agent de police	*un policía*	poliçia
Agression	*una agresión*	agréssionn
AMBASSADE	*EMBAJADA*	émba'rhada
Amende	*una multa*	moulta
Appareil photo	*la cámara fotográfica*	kamara fotografika
Argent	*el dinero (AmL : la plata)*	dinéro plata
Assurances	*los seguros*	ségouross
Avocat	*un abogado*	abogado
Bijoux	*las joyas*	rhoyass
Certifier	*certificar*	çértifikar
Condamner	*condenar*	konndénar
CONSULAT	*CONSULADO*	konnsoulado
Contravention	*una multa*	moulta
Déclaration	*una declaración*	déklaraçionn
Enquête	*una investigación*	innvéstigaçionn
Erreur	*un error*	érror
Examiner	*examinar*	éksaminar
Expertise	*un peritaje*	périta'rhé
Fourrière	*el depósito*	dépossito
Fracturer	*quebrar*	kébrar
Innocent	*inocente*	inoçénnté

Nier	*negar*	négar
Passeport	*el pasaporte*	passaporté
Perte	*la pérdida*	pèrdida
Poche	*el bolsillo*	bolsiyo
POLICE	*POLICÍA*	poliçia
Police (commissariat)	*la comisaría*	komissaria
Portefeuille	*la cartera* *(AmL : la billetera)*	kartèra biyétèra
Procès	*un juicio*	rhouiçio
Procès-verbal	*un boletín de multa*	bolètinn dé moulta
Sac à main	*un bolso* *(AmL : una cartera)*	bolso kartèra
Secours	*socorro*	sokorro
Témoin	*un testigo*	tèstigo
Valise	*una maleta*	malèta
Voiture	*un coche* *(Mex : un carro)* *(AmL : un auto)*	kotché karro aouto
Vol	*un robo*	rrobo
Voleur	*un ladrón*	ladronn

Santé

salud
saloud

J'ai une **allergie** à...

Soy alérgico (a) a...
soï alèr'rhiko (a) a...

Faites venir une **ambulance** !

¡ Lláme una ambulancia!
¡ yamé ouna amboulannçia!

Voulez-vous **appeler** un médecin ?

¿Puede usted llamar a un médico, por favor?
¿pouèdé oustèd yamar a ounn mèdiko, por favor?

Où puis-je trouver un **dentiste** ?

¿Dónde puedo encontrar a algún dentista?
¿donndė pouėdo ėnnkonntrar a algounn dėnntista?

Je ne connais pas mon **groupe sanguin**.

No sé cual es mi grupo sanguíneo.
no sė koual ėss mi groupo sannguinėo.

Mon **groupe sanguin** est...

Mi grupo sanguíneo es...
mi groupo sannguinėo ėss...

Je suis (il est) **hémophile**.

Soy (es) hemofílico.
soï (ėss) ėmofiliko.

Où se trouve l'**hôpital** ?

¿Dónde está el hospital?
¿donndė ėsta ėl ospital?

Où est la **pharmacie la plus proche** ?

¿Dónde está la farmacia más cercana?
¿donndė ėsta la farmaçia mass çėrkana?

Je voudrais un **rendez-vous** le plus tôt possible.

Quisiera pedir hora lo antes posible.
kissièra pėdir ora lo anntėss possiblė.

Envoyez-moi du **secours** !

¡ Mándeme alguna ayuda!
¡ manndėmė algouna ayouda!

C'est **urgent** !

¡ Es urgente!
¡ ėss our'rhėnntė!

Unités de soins		
Cardiologie	*cardiología*	kardiolo'rhia
Chirurgie	*cirujía*	çirou'rhia
Consultations	*consultas*	konnsoultass
Dermatologie	*dermatología*	dėrmatolo'rhia
Gastro-entérologie	*gastro-enterología*	gastro-ėnntėrolo'rhia
Gynécologie	*ginecología*	rhinėkolo'rhia
Infirmerie	*enfermería*	ėnnfėrmėria
Médecine générale	*medicina general*	mėdiçina rhėnėral
Neurologie	*neurología*	nėourolo'rhia
Obstétrique	*obstetricia*	obstėtriçia
Ophtalmologie	*oftalmología*	oftalmolo'rhia
Oto-rhino-laryngologie	*otorrinolaringología*	otorrinolarinngolo-'rhiá
Pédiatrie	*pediatría*	pėdiatria
Pneumologie	*neumología*	nėoumolo'rhia
Radiographie	*radiografía*	rradiografia
Soins	*curas* *(AmL : curaciones)*	kourass kouraçionėss
Urgences	*urgencias*	our'rhėnnçiass
Urologie	*urología*	ourolo'rhia

Dentiste

dentista
dénntista

Je veux une **anesthésie.**

Quiero anestesia.
kiėro anėstėssia.

Il faut l'**arracher.**

Hay que sacarlo (la).
aï kė sakarlo (la).

Je ne veux pas que vous l'**arrachiez.**

No quiero que me lo (la) saque.
no kiėro kė mė lo (la) sakė.

Crachez !

¡ Escupa!
¡ èskoupa!

Cette **dent** bouge.

Este diente (esta muela) está suelto (a).
èstè diènntè (èsta mouèla) èsta souèlto (a).

J'ai cassé mon **dentier**.

Se me ha quebrado la dentadura (postiza).
sè mè a kèbrado la dènntadoura (postiça).

Il faut **extraire** la dent.

Hay que sacar el diente (la muela).
aï kè sakar èl diènntè (la mouèla).

Ma **gencive** est douloureuse.

Me duelen las encías.
mè douèlènn lass ènnçiass.

J'ai très **mal** en bas... devant... au fond... en haut.

Me duele mucho abajo... adelante... al fondo... arriba.
mè douèlè moutcho aba'rho... adèlanntè...
al fonndo... arriba.

J'ai **perdu** mon **plombage**... ma couronne.

Se me ha caído el empaste... la corona.
sè mè a kaïdo èl èmpastè... la korona.

Rincez-vous.

Enjuáguese.
ènn'rhouaguèssè.

Je préférerais des **soins** provisoires.

Preferiría una cura provisoria.
préfériria ouna koura provissoria.

Vocabulaire		
Abcès	*un flemón (AmL : un absceso)*	flèmonn abçèsso
Anesthésie	*la anestesia*	anèstèssia
Appareil	*un aparato*	aparato
Bouche	*la boca*	boka
Bridge	*un puente*	pouènnté
Cabinet de consultation	*consulta*	konnsoulta
Carie	*una caries*	karièss
Couronne	*una corona*	korona
Dent	*un diente*	diènnté
Dent de sagesse	*la muela del juicio*	mouèla dèl rhouiçio
Dentier	*la dentadura postiza*	dènntadoura postiça
Gencive	*las encías*	ènnçiass
Gingivite	*una gingivitis*	rhinn'rhivitiss
Incisive	*un incisivo*	innçissivo
Inflammation	*una inflamación*	innflamaçionn
Mâchoire	*la mandíbula*	manndiboula
Molaire	*una muela, un molar*	mouèla, molar
Obturer	*obturar*	obtourar
Pansement	*un apósito*	apossito
Piqûre	*una inyección*	innyèkçionn
Plombage	*un empaste (AmL : una tapadura)*	èmpasté tapadoura
Saigner	*sangrar*	sanngrar

Hôpital • médecin

hospital • médico
ospital • médiko

J'**ai** des coliques... des coups de soleil... des courbatures... de la fièvre... des frissons... des insomnies... la nausée... des vertiges.

Tengo cólicos... quemaduras de sol... agujetas... fiebre... escalofríos... insomnios... náuseas... vértigos.
tėnngo kolikoss... kėmadourass dė sol... agou'rhėtass... fiėbrė... ėskalofrioss... innsomnioss... naoussėass... vėrtigoss.

Des **analyses** sont nécessaires.

Hay que hacer algunos análisis.
aï kė açėr algounoss analississ.

Combien vous dois-je ?

¿Cuánto le debo?
¿kouannto lė dėbo?

À quelle **heure** est la consultation ?

¿A qué hora es la consulta?
¿a kė ora ėss la konnsoulta?

Il faut aller à l'**hôpital.**

Hay que ir al hospital.
aï kė ir al ospital.

Vous avez une **infection.**

Usted tiene una infección.
oustėd tiėnė ouna innfėkçionn.

J'ai **mal** ici... dans le dos... à la gorge... à la tête... au ventre.

Me duele aquí... la espalda... la garganta... la cabeza... el vientre.
mė douėlė aki... la ėspalda... la gargannta... la kabėça... ėl viėnntrė.

Je suis **malade**.

Estoy enfermo (a).
ėstoï ėnnfėrmo (a).

Nous devons **opérer**.

Tenemos que operar.
tėnėmoss kė opėrar.

Ouvrez la bouche.

Abra la boca.
abra la boka.

Je vais vous faire une **piqûre**.

Voy a ponerle una inyección.
voï a ponėrlė ouna innyėkçionn.

Respirez à fond.

Respire profundamente.
rrėspirė profounndamėnntė.

Je ne me **sens** pas bien.

No me siento bien.
no mė siėnnto biėnn.

Depuis combien de **temps** ?

¿Desde cuándo?
¿dėsdė kouanndo?

Êtes-vous vacciné contre le **tétanos** ?

¿Le vacunaron contra el tétanos?
¿lė vakounaronn konntra ėl tėtanoss?

Tirez la langue.

Saque la lengua.
sakė la lėnngoua.

Vocabulaire

Abcès	*un flemón*	flėmonn
	(AmL : un absceso)	abçėsso
Allergique	*alérgico*	alėr'rhiko
Ambulance	*una ambulancia*	amboulannçia
Ampoule	*una ampolla*	ampoya
Anesthésie	*la anestesia*	anėstėssia
Angine	*una angina*	ann'rhina
– de poitrine	*– – de pecho*	– dė pėtcho
Appendicite	*una apendicitis*	apėnndiçitiss
Artère	*una arteria*	artėria
Artérite	*una arteritis*	artėritiss
Articulation	*una articulación*	artikoulaçionn
Asthme	*el asma*	asma
Avaler	*tragar*	tragar
Blessure	*una herida*	ėrida
Bouche	*la boca*	boka
Bras	*el brazo*	braço
Brûlure	*una quemadura*	kėmadoura
Cabinet de consultation	*la consulta*	konnsoulta
Cardiaque	*cardíaco (a)*	kardiako (a)
Cheville	*el tobillo*	tobiyo
Choc (état de)	*estado de choc*	ėstado dė tchok
Cœur	*el corazón*	koraçonn
Colique hépatique	*un cólico hepático*	koliko ėpatiko
– néphrétique	*– – nefritico*	– nėfritiko
Colonne vertébrale	*la columna vertebral*	koloumna vėrtėbral
Constipation	*el estreñimiento*	ėstrėgnimiėnnto
Consultation	*una consulta*	konnsoulta
Convulsion	*una convulsión*	konnvoulsionn
Coqueluche	*la tos ferina* *(AmL : – – convulsiva)*	toss fėrina – konnvoulsiva
Côte	*una costilla*	kostiya
Cou	*el cuello*	kouėyo
Coude	*el codo*	kodo
Coups de soleil	*las quemaduras de sol*	kėmadourass dė sol
Coupure	*un corte, tajo*	kortė, ta'rho
Courbatures	*agujetas*	agou'rhėtass
Crampe	*un calambre*	kalambrė

En cas de problème

Cuisse	*el muslo*	mouslo
Délire	*el delirio*	dèlirio
Dépression	*la depresión*	dèprèssionn
Diabétique	*diabético (a)*	diabètiko (a)
Diarrhée	*una diarrea*	diarrèa
Digérer	*digerir*	di'rhèrir
Doigt	*un dedo*	dèdo
Dos	*la espalda*	èspalda
Douleur	*un dolor*	dolor
Droite (à)	*a la derecha*	a la dèrètcha
Enceinte	*embarazada*	èmbaraçada
Entorse	*un esguince*	èsguinnçè
Épaule	*el hombro*	ombro
Estomac	*el estómago*	èstomago
Fièvre	*la fiebre*	fièbrè
Foie	*el hígado*	igado
Foulure	*una torcedura*	torçèdoura
Fracture	*una fractura*	fraktoura
Furoncle	*un furúnculo*	fourounnkoulo
Gauche (à)	*a la izquierda*	a la içkièrda
Genou	*la rodilla*	rrodiya
Gorge	*la garganta*	gargannta
Grippe	*la gripe*	gripè
Hanche	*la cadera*	kadèra
Hématome	*un hematoma*	èmatoma
Hémophile	*un hemofílico*	èmofiliko
Hémorroïdes	*las almorranas (AmL : las hemorroides)*	almorranass èmorroïdèss
Indigestion	*una indigestión*	inndi'rhèstionn
Infarctus	*un infarto*	innfarto
Infection	*una infección*	innfèkçionn
Inflammation	*una inflamación*	innflamaçionn
Insolation	*una insolación*	innsolaçionn
Intestins	*los intestinos*	inntèstinoss
Jambe	*la pierna*	pièrna
Langue	*la lengua*	lènngoua
Lèvres	*los labios*	labioss
Lombaire	*lumbar*	loumbar
Mâchoire	*la mandíbula*	manndiboula
Main	*la mano*	mano

Maternité	*maternidad*	matèrnidad
Médecin	*médico*	mèdiko
Médicament	*una medicina*	mèdiçina
	(AmL : un remedio)	rrèmèdio
Morsure (chien)	*una mordedura*	mordèdoura
– (serpent)	*una picadura*	pikadoura
Muscle	*un músculo*	mouskoulo
Nausée	*una náusea*	naoussèa
Nerf	*un nervio*	nèrvio
Nez	*la nariz*	nariç
Œil	*el ojo*	o'rho
Ordonnance	*una receta*	rrèçèta
Oreilles	*los oídos*	oïdoss
Oreillons	*las paperas*	papèrass
Orgelet	*un orzuelo*	orçouèlo
Os	*un hueso*	ouèsso
Otite	*una otitis*	otitiss
Pancréas	*el páncreas*	pannkrèass
Peau	*la piel*	pièl
Pied	*el pie*	piè
Piqûre d'abeille	*una picadura de abeja*	pikadoura dè abè'rha
– de méduse	*una irritación provocada por una medusa*	irritaçionn provokada por ouna mèdoussa
Pleurésie	*una pleuresia*	plèourèssia
Poitrine	*el pecho*	pètcho
Poumon	*el pulmón*	poulmonn
Prostate	*la próstata*	prostata
Rate	*el bazo*	baço
Refroidissement	*un resfriado, enfriamiento*	rrèsfriado, ènnfriamiènnto
Rein	*el riñón*	rrignonn
Respirer	*respirar*	rrèspirar
Rhumatisme	*el reumatismo*	rrèoumatismo
Rhume	*un catarro, resfrío*	katarro, rrèsfrio
Rotule	*la rótula*	rrotoula
Rougeole	*el sarampión*	sarampionn
Rubéole	*la rubeola*	rroubèola
Sang	*la sangre*	sanngrè
Scarlatine	*la escarlatina*	èskarlatina

Sciatique	*la ciática*	çiatika
– (nerf)	*el nervio ciático*	nèrvio çiatiko
Sein	*un seno*	sèno
Selles	*las heces,*	èçèss,
	los excrementos	èkskrèmènntoss
Sexe	*el sexo*	sèkso
Sida	*el sida*	sida
Sinusite	*la sinusitis*	sinoussitiss
Somnifère	*un somnífero*	somnifèro
Stérilet	*un dispositivo intra-uterino (d.i.u.)*	dispossitIvo inntraoutèrIno (diou)
Système nerveux	*el sistema nervioso*	sistèma nèrviosso
Talon	*el talón*	talonn
Tension	*la tensión*	tènnsionn
Tête	*la cabeza*	kabèça
Toux	*la tos*	toss
Ulcère	*una úlcera*	oulçèra
Urine	*la orina*	orina
Varicelle	*la varicela*	variçèla
Veine	*una vena*	vèna
Vertèbre	*una vértebra*	vèrtèbra
Vésicule	*la vesícula*	vèssikoula
Vessie	*la vejiga*	vè'rhiga
Visage	*el rostro, la cara*	rrostro, kara

PHARMACIE

farmacia
farmaçia

Pouvez-vous m'indiquer une pharmacie de garde ?

¿Puede usted indicarme una farmacia de guardia?
¿pouèdè oustèd inndikarmè ouna farmaçia dè gouardia?

Avez-vous ce médicament sous une autre **forme** ?

¿Tiene usted esta misma medicina en otra forma?
¿tiéné oustéd ésta misma médiçina énn otra forma?

Avez-vous un médicament de même **formule** ?

¿Tiene usted alguna medicina con la misma fórmula?
¿tiéné oustéd algouna médiçina konn la misma formoula?

J'ai besoin d'un remède contre le **mal** de tête.

Necesito una medicina para el dolor de cabeza.
néçéssito ouna médiçina para él dolor dé kabéça.

Ce **médicament** se délivre seulement sur **ordonnance**.

Esta medicina se vende sólo con receta médica.
ésta médiçina sé venndé solo konn rréçéta médika.

Pouvez-vous me **préparer cette ordonnance** ?

¿Puede usted prepararme esta receta?
¿pouédé oustéd prépararmé ésta rréçéta?

Avez-vous quelque chose **pour soigner la toux** ?

¿Tiene usted algo para la tos?
¿tiéné oustéd algo para la toss?

Avez-vous **quelque chose** pour arrêter la diarrhée ?

¿Tiene usted algo para parar la diarrea?
¿tiéné oustéd algo para parar la diarréa?

Vocabulaire		
À jeun	*en ayunas*	ènn ayounass
Alcool	*el alcohol*	alkol
Analyse	*un análisis*	analississ
Antidote	*un antídoto*	anntidoto
Antiseptique	*un antiséptico*	anntissèptiko
Aspirine	*una aspirina*	aspirina
Bandage	*una venda*	vènnda
Collyre	*un colirio*	kolirio
Compresse	*una compresa*	komprèssa
Comprimé	*una tableta, píldora*	tablèta, pildora
Contraceptif	*un anticonceptivo*	anntikonnçèptivo
Coton	*algodón*	algodonn
Coups de soleil	*las quemaduras de sol*	kèmadourass dè sol
Désinfectant	*un desinfectante*	dèssinnfèktanntè
Gouttes pour le nez	*gotas para la nariz*	gotass para la nariç
– – les oreilles	*– – los oídos*	– – loss oïdoss
– – les yeux	*– – los ojos*	– – o'rhoss
Laxatif	*un laxante*	laksanntè
Ordonnance	*una receta*	rrèçèta
Pansement	*un apósito*	apossito
PHARMACIE DE GARDE	*FARMACIA DE GUARDIA (AmL : – DE TURNO)*	farmaçia dè gouardia – dè tourno
Pilule contraceptive	*la píldora anticonceptiva*	pildora antikonnçèptiva
Pommade pour brûlures	*una pomada para quemaduras*	pomada para kèmadourass
– anti-infections	*– antiinfecciones*	– anntiinnfèkçionèss
Préservatifs	*preservativos*	prèssèrvativoss
Produit anti-moustiques	*un producto antimosquitos*	prodoukto anntimoskitoss
Serviettes hygiéniques	*paños higiénicos*	pagnoss i'rhiènikoss
Sirop	*un jarabe*	rharabè
Somnifère	*un somnífero*	somniféro
Sparadrap	*el esparadrapo (AmL : la tela emplástica)*	èsparadrapo tèla èmplastika
Suppositoires	*unos supositorios*	soupossitorioss

Tampax	*un tampax*	tampaks
Thermomètre	*un termómetro*	tèrmométro
Tranquillisant	*un tranquilisante*	trannkilissannté
Tricosteril	*un(a) curita*	kourita
Trousse d'urgence	*un botiquín*	botikinn
Vitamine C	*vitamina C*	vitamina çé

Voiture

coche
kotché

Accident

accidente
akçidénnté

Il m'est arrivé un **accident.**

He tenido un accidente.
é ténido ounn akçidénnté.

Il y a eu un **accident sur la route** de... au croisement de... entre... à environ... kilomètres de...

Ha habido un accidente en la carretera de... en el cruce de... entre... aproximadamente a... kilómetros de...
a abido ounn akçidénnté énn la karrétéra dé... énn él krouçé dé... énntré... aproksimadaménnté a... kilométross dé...

Pouvez-vous m'**aider** ?

¿Puede usted ayudarme?
¿pouédé oustéd ayoudarmé?

Appelez vite une **ambulance**... un **médecin**... la **police**.

Lláme rápido una ambulancia...
a un médico... a la policía.
yamé rrapido ouna amboulannçia...
a ounn médiko... a la poliçia.

Il y a des **blessés**.

Hay heridos.
aï éridoss.

Je suis **blessé**.

Estoy herido.
éstoï érido.

Ne **bougez** pas.

No se mueva.
no sé mouéva.

Coupez le contact.

Pare el motor.
paré él motor.

Il faut **dégager** la voiture.

Hay que sacar el coche.
aï ké sakar él kotché.

Donnez-moi les **documents de la voiture** (la carte grise)... l'attestation d'assurance.

Déme los documentos del coche...
la póliza de seguros.
démé loss dokouménntoss dél kotché...
la poliça dé ségouross.

Voici mon **nom** et mon adresse.

Aquí tiene mi nombre y mi dirección.
aki tiéné mi nombré i mi dirékçionn.

Donnez-moi vos **papiers**... votre permis de conduire.

¿Déme sus documentos... su permiso de conducir.
dèmè souss dokoumènntoss... sou pèrmisso dè konndouçir.

Puis-je **téléphoner** ?

¿Puedo llamar por teléfono?
¿pouèdo yamar por tèlèfono?

Acceptez-vous de **témoigner** ?

¿Acepta usted ser testigo?
¿açèpta oustèd sèr tèstigo?

Avez-vous une **trousse de secours** ?

¿Tiene usted un botiquín?
¿tiènè oustèd ounn botikinn?

Vocabulaire		
Artère	*una arteria*	artèria
Articulation	*una articulación*	artikoulaçionn
Blessure	*una herida*	èrida
Bras	*el brazo*	braço
Brûlé	*quemado*	kèmado
Brûlure	*una quemadura*	kèmadoura
Choc	*un choque*	tchokè
Colonne vertébrale	*la columna vertebral*	koloumna vèrtèbral
Côte	*una costilla*	kostiya
Épaule	*el hombro*	ombro
Garrot	*un torniquete*	tornikètè
Genou	*la rodilla*	rrodiya
Hémorragie	*una hemorragia*	èmorra'rhia
Jambe	*la pierna*	pièrna
Ligaturer	*hacer una ligadura*	açèr ouna ligadoura
Main	*la mano*	mano
Nuque	*la nuca*	nouka
Œil	*el ojo*	o'rho
Pied	*el pie*	piè
Poitrine	*el pecho*	pètcho
Tête	*la cabeza*	kabèça

Veine	*una vena*	vėna
Visage	*el rostro, la cara*	rrostro, kara

Garage

garaje
gara'rhé

Pouvez-vous recharger la **batterie** ?
¿Puede usted cargar la batería?
¿pouėdė oustėd kargar la batėria?

Le moteur **cale.**
El motor se para (se cala).
ėl motor sė para (sė kala).

Il est nécessaire de **changer...**
Es preciso cambiar...
ėss prėçisso kambiar...

Combien **coûte** la réparation ?
¿Cuánto vale el arreglo?
¿kouannto valė ėl arrėglo?

La voiture ne **démarre pas.**
El coche no arranca.
ėl kotchė no arrannka.

L'**embrayage** patine.
El embrague patina.
ėl ėmbraguė patina.

Le radiateur **fuit.**
El radiador gotea.
ėl rradiador gotėa.

Il y a une **fuite** d'huile.
Está goteando el aceite.
ėsta gotėanndo ėl açėitė.

Puis-je **laisser ma voiture** maintenant ?

¿Puedo dejar el coche ahora?
¿pouėdo dė'rhar ėl kotchė aora?

Le **moteur** chauffe trop.

El motor calienta demasiado.
ėl motor kaliėnnta dėmassiado.

Avez-vous la **pièce de rechange** ?

¿Tiene usted el repuesto?
¿tiėnė oustėd ėl rrėpouėsto?

Pouvez-vous réparer le **pneu** ?

¿Puede usted arreglar el neumático?
¿pouėdė oustėd arrėglar ėl nėoumatiko?

Quand sera-t-elle **prête** ?

¿Cuándo estará listo?
¿kouanndo ėstara listo?

Pouvez-vous **vérifier** l'allumage... la direction... les pneus... l'huile... le circuit électrique ?

¿Puede usted controlar el encendido... la dirección... los neumáticos... el aceite... el sistema eléctrico?
¿pouėdė oustėd konntrolar ėl ennçenndido... la dirėkçionn... loss nėoumatikoss... ėl açėitė... ėl sistėma ėlėktriko?

Veuillez faire une **vidange** et un graissage.

Haga un cambio de aceite y un engrase.
aga ounn kambio dė açėitė i ounn ėnngrassė.

Les **vitesses** passent mal.

Los cambios están duros.
loss kambioss èstann douross.

Panne

avería
avéria

Ma voiture est en panne.

Mi coche tiene una avería.
mi kotchè tièné ouna avèria.

Pouvez-vous m'**aider** à pousser... à changer la roue ?

¿Puede usted ayudarme a empujar... a cambiar la rueda?
¿pouèdè oustèd ayoudarmè a èmpou'rhar... a kambiar la rrouèda?

Combien de temps faut-il **attendre** ?

¿Cuánto tiempo hay que esperar?
¿kouannto tièmpo aï kè èspèrar?

Pouvez-vous me **conduire** à...

¿Puede usted llevarme a...?
¿pouèdè oustèd yèvarmè a...?

Peut-on faire venir une **dépanneuse** ?

¿Se puede llamar el coche de auxilio carretero?
¿sè pouèdè yamar èl kotchè dè aouksilio karrètèro?

Où est le **garage** le plus proche ?

¿Dónde está el garaje más cercano?
¿donndè èsta èl gara'rhè mass çèrkano?

Pouvez-vous me **remorquer** ?

¿Puede usted remolcarme?
¿pouédé oustéd rrémolkarmé?

Y a-t-il un **service de dépannage** ?

¿Hay algún servicio de reparación?
¿aï algounn sérviçio dé rréparaçionn?

La **station-service** est-elle loin ?

¿Está lejos la gasolinera?
¿èsta lé'rhoss la gassolinéra?

D'où peut-on **téléphoner** ?

¿De dónde se puede llamar por teléfono?
¿dé donndé sé pouédé yamar por téléfono?

Me permettez-vous d'**utiliser votre téléphone** ?

¿Me permite usted usar su teléfono?
¿mé pérmité oustéd oussar sou téléfono?

Transports • Déplacements

Agence de voyages

agencia de viajes
a'rhénnçia dé via'rhéss

Pouvez-vous m'indiquer une agence de voyages ?
¿Puede usted indicarme una agencia de viajes?
¿pouèdè oustèd inndikarmè ouna a'rhènnçia dè via'rhèss?

Bonjour !
¡Buenos días!
i bouènoss diass!

J'aimerais...
Me gustaría...
mè goustaria...

Auriez-vous... ?
¿Tendría usted...?
¿tènndria oustèd...?

Acceptez-vous les **chèques de voyage** ?
¿Acepta usted los cheques de viaje?
¿açèpta oustèd loss tchèkèss dè via'rhè?

Avez-vous un **circuit** meilleur marché ?
¿Tiene usted algún circuito más barato?
¿tiènè oustèd algounn çirkouito mass barato?

Pourriez-vous m'organiser un **circuit** partant de... passant par... pour aller à... ?
¿Podría usted organizarme un circuito que salga de... que pase por... que vaya a...?

¿podria oustėd organiçarmė ounn çirkouito kė salga dė... kė passė por... kė vaya a...?

Cela me **convient**.

Esto me agrada.
ėsto mė agrada.

Combien cela **coûte**-t-il ?

¿Cuánto vale ésto?
¿kouannto valė ėsto?

Pour la visite, avez-vous un **guide parlant français** ?

¿Para la visita, tiene usted un guía que hable francés?
¿Para la vissita, tiėnė oustėd ounn guia kė ablė frannçėss?

J'aimerais **modifier** le parcours.

Me gustaría modificar el recorrido.
mė goustaria modifikar ėl rrėkorrido.

Pouvez-vous me **proposer** autre chose ?

¿Puede usted proponerme otra cosa?
¿pouėdė oustėd proponėrmė otra kossa?

Le **transfert** à la gare... à l'aéroport... de l'hôtel à la gare, est-il inclus ?

El traslado a la estación... al aeropuerto... del hotel a la estación, ¿está incluido?
ėl traslado a la ėstaçionn... al aėropouėrto... dėl otėl a la ėstaçionn, ¿ėsta innklouido?

Merci, au revoir.

Gracias, adiós (hasta luego).
graçiass, adioss (asta louėgo).

Vocabulaire		
Annuler	*anular, cancelar*	anoular, kannçèlar
Arriver	*llegar*	yègar
Assurances	*los seguros*	sègouross
Avion	*el avión*	avionn
Bagage	*el equipaje*	èkipa'rhè
– (excédent de)	*el exceso de equipaje*	èkçèsso dè èkipa'rhè
Billet	*un billete (AmL : un pasaje)*	biyètè passa'rhè
– plein tarif	*– – de tarifa completa*	– dè tarifa komplèta
– demi-tarif	*– – de media tarifa*	– dè mèdia tarifa
– aller et retour	*– – de ida y vuelta*	– dè ida i vouèlta
– de groupe	*– – de grupo*	– dè groupo
Boisson	*la bebida*	bèbida
Cabine	*el camarote*	kamarotè
Chambre	*la habitación (AmL : el cuarto)*	abitaçionn kouarto
Changer	*cambiar*	kambiar
Circuit	*un circuito*	çirkouito
Classe, première	*primera clase*	primèra klassè
– seconde	*segunda clase*	sègounnda klassè
– touriste	*clase turista*	klassè tourista
– affaires	*– negocios*	– nègoçioss
Compartiment	*un departamento*	dèpartamènnto
Confirmer	*confirmar*	konnfirmar
Correspondance	*un transbordo*	trannsbordo
Couchette	*una litera*	litèra
Couloir	*el pasillo, corredor*	passiyo, korrèdor
Croisière	*un crucero*	krouçèro
Escale	*una escala*	èskala
Excursion	*una excursión*	èkskoursionn
Fenêtre	*la ventana*	vènntana
Fumeurs	*fumadores*	foumadorèss
Guide	*el guía*	guia
Inclus	*incluido*	innklouido
Indicateur des chemins de fer	*la guía de ferrocarriles*	la guia dè fèrrokarrilèss
Non fumeurs	*no fumadores*	no foumadorèss
Randonnée	*una caminata, un paseo*	kaminata, passèo

Repas	*una comida*	komida
Réservation	*una reserva*	rrèssèrva
Retard	*un retraso, atraso*	rrètrasso, atrasso
Route	*la carretera* *(AmL : el camino)*	karrètèra kamino
Saison basse	*la temporada baja*	tèmporada ba'rha
– haute	*– – alta*	– alta
Supplément	*un suplemento*	souplèmènnto
Train	*el tren*	trènn
Trajet	*el trayecto*	trayèkto
Transfert	*el traslado*	traslado
Valise	*una maleta*	malèta
Voiture	*un coche* *(Mex : un carro)* *(AmL : un auto)*	kotchè karro aouto
Vol	*un vuelo*	vouèlo
Wagon-lit	*el coche cama*	kotchè kama

Autobus • autocar

autobús • autocar
aoutob**ou**ss • aoutok**a**r

Où est l'arrêt du bus qui va à... ?

¿Dónde está la estación del autobus que va a...?
¿d**o**nndè **è**sta la èstaç**io**nn d**è**l aoutob**ou**ss kè va a...?

Pouvez-vous m'**arrêter** à... ?

¿Puede usted parar en...?
¿pou**è**dè oust**è**d parar ènn...?

Je voudrais un **billet** pour...

Quisiera un billete para...
kissi**è**ra ounn biy**è**tè para...

Cette place est-elle **libre** ?

¿Está libre este asiento?
¿**è**sta libre **è**ste asi**è**nnto?

Combien coûte le trajet jusqu'à... ?

¿Cuánto vale el trayecto hasta...?
¿kouannto valė ėl trayėkto asta...?

Pouvez-vous me prévenir, quand je devrai **descendre** ?

¿Puede usted avisarme cuando tengo que bajar?
¿pouėdė oustėd avissarmė kouanndo tėnngo kė ba'rhar?

À quelle **heure** passe le dernier bus ?

¿A qué hora pasa el último autobús?
¿a kė ora passa ėl oultimo aoutobouss?

Avez-vous un **plan** du réseau... un horaire ?

¿Tiene usted algún plano de los recorridos... un horario?
¿tiėnė oustėd algounn plano dė loss rrėkorridoss... ounn orario?

Vocabulaire		
Aller simple	*ida*	ida
Aller et retour	*ida y vuelta*	ida i vouėlta
ARRÊT	*PARADA*	parada
ARRÊT FACULTATIF	*PARADA DISCRECIONAL (AmL : – FACULTATIVA)*	– diskrėçional – fakoultativa
ARRÊT OBLIGATOIRE	*PARADA OBLIGATORIA*	– obligatoria
Autobus	*el autobús (Mex : el camión) (Chi : la micro) (Arg : el colectivo)*	aoutobouss kamionn mikro kolėktivo
Bagages	*equipaje*	ėkipa'rhė
Banlieue	*la periferie, las afueras (AmL : los suburbios)*	pėrifėriė, afouėrass soubourbioss

BILLETS	*BILLETES (AmL : BOLETOS)*	biyètèss bolètoss
Chauffeur	*el chofer*	tchofèr
Complet	*completo, lleno*	komplèto, yèno
Correspondance	*una conexión un transbordo*	konèksionn trannsbordo
DESCENTE	*BAJADA*	ba'rhada
Destination	*el destino*	dèstino
Gare routière	*la terminal de autobuses*	tèrminal dè aoutoboussèss
Guichet	*la ventanilla, taquilla (AmL : la boletería)*	vènntaniya, takiya bolètèria
Horaire	*el horario*	orario
MONTÉE	*SUBIDA*	soubida
Prix	*el precio*	prèçio
Receveur	*el cobrador*	kobrador
RENSEIGNEMENTS	*INFORMACIONES*	innformaçionèss
SORTIE	*SALIDA*	salida
STATION	*ESTACIÓN*	èstaçionn
Supplément	*un suplemento*	souplèmènnto
Tarif (Demi-tarif)	*una tarifa media tarifa*	tarifa mèdia tarifa
Terminus	*el terminal*	tèrminal
Tramway	*un tranvía*	trannvia

Avion

avión
avionn

Acceptez-vous les petits **animaux** en cabine ?

¿Se pueden llevar animalitos en la cabina?
¿sé pouèdènn yèvar animalitoss ènn la kabina?

Faut-il enregistrer ce **bagage** ?

¿Hay que facturar este equipaje?
¿aï kè faktourar èstè èkipa'rhè?

Puis-je garder cette valise comme **bagage à main** ?

¿Puedo quedarme con esta maleta como equipaje de mano?
¿pouèdo kèdarmè konn èsta malèta komo èkipa'rhè dè mano?

Mon **bagage est endommagé**

Mi equipaje está dañado.
mi èkipa'rhè èsta dagnado.

Je voudrais un **billet** simple... un aller et retour... en première classe... en classe affaires... en classe touriste.

Quisiera un billete de ida... un ida y vuelta... en primera clase... en clase negocios... en clase turista.
kissièra ounn biyètè dè ida... ounn ida i vouèlta... ènn primèra klassè... ènn klassè nègoçioss... ènn klassè tourista.

Où se trouvent les **boutiques** « hors taxe » ?

¿Dónde se encuentran las tiendas libres de impuesto?
¿donndè sè ènnkouènntrann lass tiènndass librèss dè impouèsto?

J'ai perdu ma **carte d'embarquement.**

He perdido mi tarjeta de embarque.
è pèrdido mi tar'rhèta dè èmbarkè.

Où est le **comptoir d'enregistrement** ?

¿Dónde se factura (registra) el equipaje?
¿donndè sè faktoura (rrè'rhistra) èl èkipa'rhè?

Pouvez-vous me **conduire** à l'aéroport ?

¿Puede usted llevarme al aeropuerto?

¿pouèdè oustèd yèvarmè al aèropouèrto?

À quelle heure a lieu l'**embarquement** ?... à quelle porte ?

¿A qué hora se tiene que embarcar?...
en qué puerta?
¿a kè ora sè tiènè kè èmbarkar?... ènn kè pouèrta?

DERNIER APPEL... **EMBARQUEMENT IMMÉDIAT.**

ÚLTIMA LLAMADA... EMBARQUE INMEDIATO.
oultimo yamado... èmbarkè innmèdiato.

Dois-je payer un **excédent de bagages** ?

¿Debo pagar exceso de equipaje?
¿dèbo pagar èkçèsso dè èkipa'rhè?

Y a-t-il encore de la **place** sur le vol... ?

¿Hay todavía lugar en el vuelo...?
¿aï todavia lougar ènn èl vouèlo...?

Pouvez-vous changer ma réservation ?

¿Puede usted cambiarme la reserva?
¿pouèdè oustèd kambiarmè la rrèssèrva?

J'ai confirmé ma **réservation** il y a trois jours.

Confirmé mi reserva hace tres días.
konnfirmè mi rrèssèrva açè trèss diass.

Le vol est-il **retardé**... annulé ?

¿El vuelo tiene retraso... está cancelado?
¿èl vouèlo tiènè rrètrasso... èsta kannçèlado?

Je voudrais un **siège** à l'avant... à l'arrière... près d'un hublot... sur l'allée dans la zone « fumeurs »... « non fumeurs ».

Quisiera un asiento adelante... atrás... junto a la ventanilla... junto al pasillo en la zona « fumadores »... « no fumadores ».
kissi**è**ra ounn assi**è**nnto ad**è**lannt**é**... atr**a**ss... rh**ou**nnto a la v**è**nntan**i**ya... rh**ou**nnto al pass**i**yo **è**nn la ç**o**na « foumad**o**r**è**ss »... « no foumad**o**r**è**ss ».

Ai-je le **temps** d'aller changer de l'argent ?

¿Tengo tiempo de ir a cambiar dinero?
¿t**è**nngo ti**è**mpo d**é** ir a kambi**a**r din**è**ro?

À quelle heure décolle le prochain **vol** pour... ?

¿A qué hora despega el próximo avión para...?
¿a k**é** **o**ra d**è**sp**é**ga el pr**o**ksimo avi**o**nn para...?

En vol

en vuelo
énn vou**é**lo

Restez **assis** jusqu'à l'arrêt complet de l'appareil.

Se ruega a los pasajeros permanezcan sentados hasta el paro total del avión.
s**é** rrou**è**ga a loss passa'rh**è**ross p**è**rman**é**çkann s**è**nntadoss asta **è**l paro total d**è**l avi**o**nn.

ATTACHEZ VOS CEINTURES.

ABROCHEN SUS CINTURONES DE SEGURIDAD.
abrotchènn souss çintouronèss dè sègouridad.

Je voudrais quelque chose à **boire**... une couverture.

Quisiera algo para beber... una manta.
kissièra algo para bèbèr... ouna mannta.

Mes **écouteurs** ne fonctionnent pas.

Mis auriculares no funcionan.
miss aourikoularèss no founnçionann.

Ne **fumez** pas pendant le décollage... l'atterrissage.

No fumen durante el despegue... el aterrizaje.
no fouménn dourannté èl dèspègué... èl atèrriça'rhè.

NE FUMEZ PAS DANS LES TOILETTES.

NO FUMEN EN LOS SERVICIOS.
no fouménn ènn loss sèrviçioss.

Votre **gilet de sauvetage** est sous votre siège.

Su chaleco salvavidas está debajo de su asiento.
sou tchalèko salvavidass èsta dèba'rho dè sou assiènnto.

Veuillez retourner à vos **sièges**.

Sírvanse regresar a sus asientos.
sirvannsè rrègrèssar a souss assiènntoss.

Quelle est la **température** au sol ?

¿Qué temperatura hace en tierra?
¿kè tèmpèratoura açè ènn tièrra?

Dans combien de **temps** servez-vous le petit déjeuner... le déjeuner... la collation... le dîner ?

¿Dentro de cuánto tiempo van a servir el desayuno... el almuerzo... la colación... la cena?
¿dènntro dè kouannto tièmpo vann a sèrvir èl dèssayouno... èl almouèrço... la kolaçionn... la çèna?

Notre **temps de vol** jusqu'à... sera de...

El vuelo hasta... tendrá una duración de...
èl vouèlo asta... tènndra ouna douraçionn dè...

Nous **volons** à une altitude de...

Estamos volando a una altura de...
èstamoss volanndo a ouna altoura dè...

Nous entrons dans une **zone de turbulences.**

Estamos entrando en una zona de turbulencias.
èstamoss ènntranndo ènn ouna çona dè tourboulènnçiass.

Vocabulaire		
ACCÈS AUX AVIONS	*A LOS AVIONES*	a loss avionèss
Aéroport	*aeropuerto*	aèropouèrto
Allée	*la ida*	ida
Aller	*ir*	ir
ARRIVÉE	*LLEGADA*	yègada
Assurances	*los seguros*	sègouross
Atterrissage	*el aterrizaje*	atèrriça'rhè
Bagages	*el equipaje*	èkipa'rhè
– à main	*– – de mano*	– dè mano
Bar	*el bar*	bar
Billet	*un billete* (*AmL : un pasaje*)	biyètè passa'rhè
Boutiques hors taxe	*las tiendas libres de impuesto*	tiènndass librèss dè impouèsto

Cabine	*la cabina*	kabina
Carte d'embarquement	*la tarjeta de embarque*	tar'rhèta dè èmbarkè
Classe (première)	*primera clase*	primèra klassè
– (seconde)	*segunda –*	sègounnda –
– affaires	*clase negocios*	klassè nègoçioss
– touriste	*– turista*	– tourista
Commandant de bord	*el comandante de a bordo*	komanndannté dè a bordo
Confirmation	*la confirmación*	konnfirmaçionn
CONTRÔLE DES PASSEPORTS	*CONTROL DE PASAPORTES*	konntrol dè passaportèss
Correspondance	*conexión*	konèksionn
Couverture	*una manta (Mex : una cobija) (AmL : una frazada)*	mannta kobi'rha fraçada
Décollage	*el despegue*	dèspègué
DÉPART	*SALIDA*	salida
Descendre	*bajar*	ba'rhar
DOUANE	*ADUANA*	adouana
EMBARQUEMENT	*EMBARQUE*	èmbarkè
Embarquement immédiat	*embarque inmediato*	èmbarkè innmédiato
Équipage	*la tripulación*	tripoulaçionn
Fiche de police	*la ficha de policía*	fitcha dè poliçia
Fouille de sécurité	*un control de seguridad*	konntrol dè sègouridad
FUMEURS	*FUMADORES*	foumadorèss
Gilet de sauvetage	*chaleco salvavidas*	tchalèko salvavidass
Horaire	*el horario*	orario
Hôtesse de l'air	*la azafata (Mex : la aeromozu)*	açafata aèromoça
Hublot	*la ventanilla*	vènntaniya
IMMIGRATION	*INMIGRACIÓN*	innmigraçionn
MONTER	*SUBIR*	soubir
NON FUMEURS	*NO FUMADORES*	no foumadorèss
Passeport	*el pasaporte*	passaporté
Porte	*la puerta*	pouèrta
Réservation	*la reserva*	rrèssèrva
Retardé	*retrasado, atrasado*	rrètrassado, atrassado
SORTIE DE SECOURS	*SALIDA DE EMERGENCIA*	salida dè èmèr'rhènnçia

Soute	*la bodega*	bodèga
Supplément	*un suplemento*	souplèmènnto
TRANSIT	*TRÁNSITO*	trannsito
Valise	*una maleta*	malèta
Visa	*el visado* *(AmL : la visa)*	vissado vissa
Vol	*el vuelo*	vouèlo
– intérieur	*– doméstico*	domèstiko
– international	*– internacional*	– inntèrnaçional

Bateau

barco
barko

DERNIER APPEL, les passagers sont priés de monter à bord.

ULTIMO LLAMADO, se ruega a los señores pasajeros que suban a bordo.
oultimo yamado, sè rrouèga a loss sègnorèss passa'rhèross kè soubann a bordo.

Pour quelle heure l'**arrivée** est-elle prévue ?

¿A qué hora está prevista la llegada?
¿a kè ora èsta prèvista la yègada?

Voulez-vous faire porter mes **bagages** dans la cabine numéro... ?

¿Alguien podría llevar mi equipaje a la cabina número...?
¿alguiènn podria yèvar mi èkipa'rhè a la kabina nouméro...?

Mon **bagage est endommagé.**

Mi equipaje está dañado.
mi èkipa'rhè èsta dagnado.

Je voudrais un **billet** simple... aller et retour... première classe... seconde classe.

Quisiera un billete de ida... un ida y vuelta... primera clase... segunda clase.
kissièra ounn biyètè dè ida... ounn ida i vouèlta... primèra klassè... sègounnda klassè.

Où sont les **bureaux** de la compagnie maritime ?

¿Dónde están las oficinas de la compañía marítima?
¿donndè èstann lass ofiçinass dè la kompagnia maritima?

Y a-t-il encore des **cabines** disponibles sur le pont ?

¿Quedan camarotes de cubierta disponibles?
¿kèdann kamarotèss dè koubièrta disponiblèss?

J'aimerais disposer d'une **chaise longue**.

Me gustaría disponer de una tumbona.
me goustaria disponèr dè ouna toumbona.

À quelle heure a lieu l'**embarquement**... le départ ?

¿A qué hora es el embarque... la salida?
¿a kè ora èss èl èmbarkè... la salida?

Quelle est la durée de l'**escale** ?

¿Cuánto dura la escala?
¿kouannto doura la èskala?

Pouvez-vous m'**indiquer** le bar ?

¿Puede usted indicarme el bar?
¿pouèdè oustèd inndikarmè èl bar?

J'ai le **mal de mer**. Avez-vous un remède ?

Estoy mareado (a). ¿Tiene usted algún remedio?
èstoï marèado (a). ¿tiènè oustèd algounn rrèmèdio?

Pouvez-vous changer ma **réservation** ?

¿Puede usted cambiarme la reserva?
¿pouèdè oustèd kambiarmè la rrèssèrva?

À quelle heure **servez-vous** le petit déjeuner... le déjeuner... le dîner ?

¿A qué hora sirven el desayuno... el almuerzo... la cena?
¿a kè ora sirvènn èl dèssayouno... èl almouèrço... la çèna?

Combien de temps dure la **traversée**... la croisière ?

¿Cuánto tiempo dura la travesía... el crucero?
¿kouannto tièmpo doura la travèssia... èl krouçèro?

Vocabulaire		
Aller	*ir*	ir
Annulé	*anulado, cancelado*	anoulado, kannçèlado
ARRIVÉE	*LLEGADA*	yègada
Assurances	*los seguros*	sègouross
Bâbord	*babor*	babor
Bagages	*el equipaje*	èkipa'rhè
Bar	*el bar*	bar
Billet	*un billete* (*AmL : un pasaje*)	biyètè passa'rhè
Bouée	*el salvavidas*	salvavidass
Cabine	*un camarote*	kamarotè
Cale	*la cala*	kala
Canot de sauvetage	*el bote salvavidas*	botè salvavidass

Chaise longue	*una tumbona (AmL : una silla de lona)*	toumbona siya dė lona
Commissaire de bord	*el comisario de a bordo*	komissario dė a bordo
Confirmation	*la confirmación*	konnfirmaçionn
Couchette	*una litera*	litėra
Couverture	*una manta (Mex : una cobija) (AmL : una frazada)*	mannta kobi'rha fraçada
Classe (première)	*primera clase*	primėra klassė
– (seconde)	*segunda clase*	sėgounnda klassė
DÉPART	*SALIDA*	salida
DESCENDRE	*BAJAR*	ba'rhar
DOUANE	*ADUANA*	adouana
Embarcadère	*el embarcadero*	ėmbarkadėro
EMBARQUEMENT	*EMBARQUE*	ėmbarkė
Équipage	*la tripulación*	tripoulaçionn
Escale	*una escala*	ėskala
Excursion	*una excursión*	ėkskoursionn
Fiche de police	*la ficha de policía*	fitcha dė poliçia
Fouille de sécurité	*un control de seguridad*	konntrol dė sėgouridad
FUMEURS	*FUMADORES*	foumadorėss
Gilet de sauvetage	*el chaleco salvavidas*	tchalėko salvavidass
Horaire	*el horario*	orario
Hublot	*la ventanilla*	vėnntaniya
IMMIGRATION	*INMIGRACIÓN*	innmigraçionn
Jetée	*el malecón*	malėkonn
MÉDECIN DU BORD	*MÉDICO DE A BORDO*	mėdiko dė a bordo
MONTER	*SUBIR*	soubir
Nœud	*un nudo*	noudo
NON FUMEURS	*NO FUMADORES*	no foumadorėss
Passeport	*el pasaporte*	passaportė
Passerelle	*la pasarela*	passarėla
Pont	*la cubierta*	koubiėrta
Porteur	*el mozo (AmL : el maletero)*	moço malėtėro

Poupe	*la popa*	popa
Proue	*la proa*	proa
Quai	*el muelle*	mouèyé
Réservation	*la reserva*	rrèssèrva
Retard	*un retraso, atraso*	rrètrasso, atrasso
Sac	*un bolso*	bolso
Supplément	*un suplemento*	souplèmènnto
Toilettes	*los servicios (AmL : el baño, el water)*	sèrviçioss bagno, ouatèr
Tribord	*estribor*	èstribor
Valise	*una maleta*	malèta
Visa	*el visado (AmL : la visa)*	vissado vissa

Circulation

circulación
(çirkoulaçionn

Comment peut-on **aller** à... ?

¿Cómo se puede ir a...?
¿komo sè pouèdè ir a...?

Il faut faire **demi-tour**.

Hay que dar media vuelta.
aï kè dar mèdia vouèlta.

À quelle **distance** sommes-nous de... ?

¿A qué distancia estamos de...?
¿a kè distannçia èstamoss dè...?

C'est tout **droit**.

Es todo derecho.
èss todo dèrètcho.

Voulez-vous m'**indiquer** sur la carte... sur le plan ?

¿Puede usted indicarme en el mapa... en el plano?

¿pouėdė oustėd inndikarmė ėnn ėl mapa... ėnn ėl plano?

Est-ce **loin** d'ici ?

¿Está lejos de aquí?
¿ėsta lė'rhoss dė aki?

Où suis-je ?

¿Dónde estoy?
¿donndė ėstoï?

Où y a-t-il un garage... un hôpital... un hôtel... un restaurant... dans les environs ?

¿Dónde hay un garaje... un hospital... un hotel... un restaurante... en los alrededores?
¿donndė aï ounn gara'rhė... ounn ospital... ounn otėl... ounn rrėstaouranntė... ėnn loss alrrėdėdorėss?

Où puis-je **stationner** ?

¿Dónde puedo aparcar?
¿donndė pouėdo aparkar?

Tournez à droite... à gauche.

Doble a la derecha... a la izquierda.
doblė a la dėrėtcha... a la içkiėrda.

Vocabulaire		
À coté	*al lado, junto a*	al lado, rhounnto a
À droite	*a la derecha*	a la dėrėtcha
À gauche	*a la izquierda*	a la içkiėrda
Avenue	*una avenida*	avėnida
Banlieue	*la periferie, las afueras*	pėrifėriė, afouėrass
Boulevard	*un bulevar (Pér : un jirón)*	boulėvar rhironn
Carrefour	*un cruce*	kroucė
Chemin	*un camino*	kamino
Conduire	*conducir*	konndouçir

Demi-tour	*media vuelta*	mèdia vouèlta
Derrière	*atrás*	atrass
Descente	*una bajada*	ba'rhada
Devant	*adelante*	adèlannté
Direction	*la dirección*	dirèkçionn
Embouteillage	*un atasco*	atasko
En face	*al frente*	al frènnté
Environs	*los alrededores*	alrrèdèdorèss
État des routes	*estado de las carreteras*	èstado dè lass carrètèrass
Excès de vitesse	*exceso de velocidad*	ekçesso dè vèloçidad
Fluide (circulation)	*fluida (circulación)*	flouida (çirkoulaçionn)
Montée	*una subida*	soubida
Parc	*un parque*	parké
Place	*una plaza*	plaça
Pont	*un puente*	pouènnté
Rond-point	*una rotonda*	rotounda
Route	*una carretera*	karrètèra
Rue	*una calle*	kayè
Sens interdit	*dirección prohibida*	dirèkçionn proïbida
Sous	*debajo*	dèba'rho
Sur	*encima*	ènnçima
Tournant	*una curva*	kourva
Tout droit	*todo derecho*	todo dèrètcho

Panneaux routiers	
señales de circulación	sègnalèss dè çirkoulaçionn
ADUANA	DOUANE
ALTURA MÁXIMA :... M	HAUTEUR LIMITÉE À... M
APARCAMIENTO (PARKING) REGLAMENTADO	PARKING PAYANT
ARCÉN EN MAL ESTADO (AmL : BERMAS EN MAL ESTADO)	ACCOTEMENTS NON STABILISÉS
AUTOPISTA	AUTOROUTE
CALZADA DEFORMADA	CHAUSSÉE DÉFORMÉE
CALZADA RESBALADIZA	CHAUSSÉE GLISSANTE
CARRETERA COMARCAL (AmL : CARRETERA PROVINCIAL)	ROUTE DÉPARTEMENTALE
CARRETERA CORTADA	ROUTE BARRÉE
CARRETERA EN MAL ESTADO	ROUTE EN MAUVAIS ÉTAT

CARRETERA INUNDADA	ROUTE INONDÉE
CARRETERA NACIONAL	ROUTE NATIONALE
CENTRO	CENTRE VILLE
CIRCULACIÓN EN DOS FILAS	CIRCULEZ SUR DEUX FILES
CIRCULACIÓN EN UNA FILA	CIRCULEZ SUR UNE FILE
CRUCE PELIGROSO	CROISEMENT DANGEREUX
CURVAS	COURBES
CURVAS EN... KM	VIRAGES SUR... KM
DERRUMBAMIENTOS	CHUTE DE PIERRES
DERRUMBES	ÉBOULEMENTS
DESPACIO	RALENTIR
DESVIACIÓN, DESVÍO	DÉVIATION
DIRECCIÓN ÚNICA (AmL : SENTIDO ÚNICO)	SENS UNIQUE
ESCUELA	ÉCOLE
ESTACIONAMIENTO ALTERNO	STATIONNEMENT ALTERNÉ
ESTACIONAMIENTO PROHIBIDO	STATIONNEMENT INTERDIT
FRONTERA	FRONTIÈRE
HIELO	VERGLAS
HOSPITAL	HÔPITAL
NIEBLA	BROUILLARD
NIEVE	NEIGE
PASO A NIVEL	PASSAGE À NIVEAU
PASO PEATONAL	PASSAGE PIÉTONS
PEAJE A... KM	PÉAGE À... KM
PELIGRO	DANGER
PENDIENTE... %	PENTE À... %
PERIFÉRICO	PÉRIPHÉRIQUE
POLICÍA	POLICE
PRIORIDAD A LA DERECHA	PRIORITÉ À DROITE
PRIORIDAD A LA IZQUIERDA	PRIORITÉ À GAUCHE
PUERTO ABIERTO (AmL : PASO ABIERTO)	COL OUVERT
PUERTO CERRADO (AmL : PASO CERRADO)	COL FERMÉ
RECUERDE	RAPPEL
SALIDA DE VEHÍCULOS	SORTIE DE VÉHICULES
SEMÁFORO	FEUX DE SIGNALISATION
SE PROHIBEN LAS CARAVANAS	INTERDIT AUX CARAVANES
SIN SALIDA	(VOIE) SANS ISSUE
TRABAJOS, OBRAS	TRAVAUX
VELOCIDAD LIMITADA	VITESSE LIMITÉE

Douane • Immigration

aduana • inmigración
adouana • innmigraçionn

Je n'ai que des **affaires personnelles.**

Sólo tengo objetos personales.
solo tènngo ob'rhètoss pèrsonalèss.

Ce **bagage** n'est pas à moi.

Este equipaje no es mío.
èstè èkipa'rhè no èss mio.

Il y a seulement quelques **cadeaux.**

Hay solamente algunos regalos.
aï solamènntè algounoss rrègaloss.

Excusez-moi, je ne **comprends** pas.

Discúlpeme pero no entiendo.
diskoulpèmè pèro no ènntiènndo.

Je n'ai rien à **déclarer.**

No tengo nada que declarar.
No tènngo nada kè dèklarar.

J'ai oublié les papiers de **dédouanement** de mon appareil.

He olvidado los certificados aduaneros de mi cámara.
è olvidado loss çèrtifikadoss adouanèross dè mi kamara.

Pourriez-vous m'aider à remplir le **formulaire** ?

¿Podría usted ayudarme a llenar el formulario?
¿podria oustèd ayoudarmè a yènar èl formoulario?

Où logerez-vous ?

¿Dónde va a alojarse?
¿donndè va a alo'rharsè?

Ouvrez le coffre... la valise... le sac.

Abra el portaequipajes... la maleta... el bolso.
abra èl portaèkipa'rhèss... la malèta... èl bolso.

Voici les **papiers** de la voiture.

Aquí tiene los documentos del coche.
aki tiènè loss dokoumènntoss dèl kotchè.

Puis-je **partir** ?

¿Puedo irme?
¿pouèdo irmè?

Vous devez **payer** des droits sur cela.

Usted debe pagar derechos por ésto.
oustèd dèbè pagar dèrètchoss por èsto.

Je **reste** jusqu'à...

Me quedo hasta...
mè kèdo asta...

Je suis **touriste.**

Soy turista.
soï tourista.

Je suis en **transit**, je vais à...

Estoy de paso, voy a...
èstoï dè passo, voï a...

Je **viens** de...

Vengo de...
vènngo dè...

Je **voyage pour affaires.**

Viajo por negocios.
via'rho por nègoçioss.

Vocabulaire		
Adresse	*la dirección*	dirèkçionn
Alcool	*el alcohol*	alkool
Attestation d'assurances	*el certificado de seguros*	çèrtifikado dè sègouross
Carte grise	*los documentos del coche*	dokoumènntoss dèl kotchè
Cartouche	*un cartón de cigarrillos*	kartonn dè çigarriyoss
– de vaccination	*– – de vacunaçión*	– – dè vakounaçionn
Choléra	*el cólera*	kolèra
Cigarettes	*los cigarrillos*	çigarriyoss
CONTRÔLE DES PASSEPORTS	*CONTROL DE PASAPORTES*	konntrol dè passaportèss
Date de naissance	*la fecha de nacimiento*	fètcha dè naçimiènnto
Domicile	*el domicilio*	domiçilio
DOUANE	*ADUANA*	adouana
Droits de douane	*los derechos de aduana*	dèrètchoss dè adouana
Fièvre jaune	*la fiebre amarilla*	fièbrè amariya
Lieu de naissance	*el lugar de nacimiento*	lougar dè naçimiènnto
Marié(e)	*casado (a)*	kassado (a)
Nom de jeune fille	*el apellido de soltera*	apèyido dè soltèra
Parfum	*el perfume*	pèrfoumè
Passeport	*el pasaporte*	passaportè
Permis de conduire	*el carné (permiso, la licencia) de conducir (AmL : el carné de manejar)*	karnè, pèrmisso, liçènnçia dè konndouçir – dè manè'rhar
Pièces d'identité	*los documentos, el carné de identitad (AmL : la cédula de identidad)*	dokoumènntoss, karnè dè idènntidad çèdoula dè...
Plaque d'immatriculation	*la matrícula (AmL : la patente)*	matrikoula patènntè
Profession	*la profesión*	profèssionn
Retraité	*jubilado*	rhoubilado
Sexe	*sexo*	sèkso

Soumis aux droits de douane	*sujeto a derechos de aduana*	sou'rhèto a dèrètchoss dè adouana
Souvenir	*un souvenir, recuerdo*	souvènir, rrèkouèrdo
Tabac	*el tabaco*	tabako
Variole	*la viruela*	virouèla
Vin	*el vino*	vino

Métro

metro
métro

Où se trouve la station la plus proche ?

¿Dónde se encuentra la estación más cercana?
¿donndè sè ènnkouènntra la èstaçionn mass çèrkana?

Je voudrais un **ticket**... un carnet de tickets... un (des) jeton(s).

Quisiera un billete... un taco de billetes... una(s) ficha(s).
kissièra ounn biyètè... ounn tako dè biyètèss... ouna(ss) fitcha(ss).

Y a-t-il un **changement** ?

¿Hay que hacer algún cambio?
¿aï kè açèr algounn kambio?

Quelle **direction** dois-je prendre pour aller à... ?

¿Qué dirección debo tomar para ir a...?
¿kè dirèkçionn dèbo tomar para ir a...?

À quelle **heure** ferme le métro ?

¿A qué hora cierra el metro?
¿a kè ora çièrra èl mètro?

Quelle **ligne** dois-je prendre pour aller à... ?

¿Qué línea debo tomar para ir a...?
¿kė linėa dėbo tomar para ir a...?

Pouvez-vous me donner un **plan** de métro ?

¿Puede usted darme un plano del metro?
¿pouėdė oustėd darmė ounn plano dėl mėtro?

Cette **rame** va bien à... ?

Este metro va a... ¿verdad?
ėstė mėtro va a... ¿vėrdad?

Combien de **stations** avant... ?

¿Cuántas estaciones antes de...?
¿kouanntass ėstaçionėss anntėss dė...?

Vocabulaire		
ACCÈS AUX QUAIS	*A LOS ANDENES*	a loss anndėnėss
Banlieue	*la periferie, las afueras*	pėrifėriė, afouėrass
Carnet de tickets	*un taco de billetes (AmL : un abono)*	tako dė biyėtėss abono
Contrôleur	*el revisor (AmL : el inspector)*	rrėvissor innspėktor
CORRESPONDANCE	*CAMBIO, CONEXIÓN*	kambio, konėksionn
Descendre	*bajar*	ba'rhar
Direction	*la dirección*	dirėkçionn
Distributeur	*un distribuidor*	distribouidor
ENTRÉE	*ENTRADA*	ėnntrada
Escalier	*la escalera*	ėskalėra
ESCALIER MÉCANIQUE	*ESCALERA MECÁNICA*	ėskalėra mėkanika
Express	*el expreso*	ėksprėsso
Fermeture	*el cierre*	çiėrrė
INFORMATIONS	*INFORMACIONES*	innformaçionėss
Jetons	*las fichas*	fitchass
Ligne	*una línea*	linėa
Métro	*el metro (Arg : el subte)*	mėtro soubtė

Monter	*subir*	soubir
Omnibus	*un ómnibus*	omnibouss
Ouverture	*la abertura*	abèrtoura
Plan	*un plano*	plano
Portes	*las puertas*	pouèrtass
Rame	*un tren*	trènn
Signal d'alarme	*la alarma*	alarma
SORTIE	*SALIDA*	salida
Station	*la estación*	èstaçionn
Terminus	*el terminal*	tèrminal
Ticket	*un billete (AmL : un boleto, ticket)*	biyètè boléto, tikèt
Voie	*la vía*	via

Taxi

taxi
taksi

Où est la station de taxis la plus proche ?

¿Dónde está la parada de taxis más cercana?
¿donndè èsta la parada dè taksiss mass çèrkana?

Pouvez-vous **appeler** un taxi ?

¿Puede usted llamar un taxi?
¿pouèdè oustèd yamar ounn taksi?

Êtes-vous **libre** ?

¿Está libre?
¿èsta librè?

Arrêtez-moi ici, s'il vous plaît.

Déjeme aquí, por favor.
dè'rhèmè aki, por favor.

Pouvez-vous m'**attendre** ?

¿Puede usted esperarme?
¿pouèdè oustèd èspèrarmè?

Combien prenez-vous pour aller à... ?

¿Cuánto cobra usted para ir a...?
¿kouannto kobra oustèd para ir a...?

Combien vous dois-je ?

¿Cuánto le debo?
¿kouannto lè dèbo?

Je suis **pressé**.

Tengo prisa.
tènngo prissa.

Je suis en **retard**.

Estoy atrasado.
èstoï atrassado.

Je voudrais faire un **tour dans la ville**.

Quisiera dar una vuelta por la ciudad.
kissièra dar ouna vouèlta por la çioudad.

Vocabulaire		
Bagage	*el equipaje*	èkipa'rhè
Compteur	*el taxímetro*	taksimètro
LIBRE	*LIBRE*	librè
Pourboire	*la propina*	propina
Prix	*el precio*	prèçio
STATION DE TAXIS	*PARADA DE TAXIS*	parada dè taksiss
Supplément	*un suplemento*	souplèmènnto
Tarif de nuit	*la tarifa nocturna*	tarifa noktourna

Train

tren
trénn

S'il vous plaît, où se trouve la gare ?

Por favor, ¿dónde está la estación?
por favor, ¿donndé ésta la éstaçionn?

À quelle heure **arrive** le train venant de... ?

¿A qué hora llega el tren que viene de...?
¿a ké ora yéga él trénn ké viéné dé...?

Je voudrais enregistrer les **bagages**.

Quisiera facturar (registrar) el equipaje.
kissiéra faktourar (rré'rhistrar) él ékipa'rhé.

Je voudrais un **billet** aller simple... aller-retour... première classe... seconde classe.

Quisiera un billete de ida... ida y vuelta... en primera clase... en segunda clase.
kissiéra ounn biyété dé ida... ida i vouélta... énn priméra klassé... énn ségounnda klassé.

Dois je **changer** de train ?

¿Tengo que hacer transbordo?
¿ténngo ké açér trannsbordo?

Où se trouve la **consigne** ?

¿Dónde está la consigna?
¿donndé ésta la konnsig-na?

Y a-t-il des **couchettes** ?

¿Hay literas?
¿aï litérass?

Combien **coûte** l'aller simple ?

¿Cuánto vale la ida?
¿kouannto valė la ida?

Puis-je **fumer** ?

¿Puedo fumar?
¿pouėdo foumar?

Cette place est-elle **libre** ?

¿Está libre este asiento?
¿ėsta librė ėstė assiėnnto?

Quel est le **montant** du supplément ?

¿Cuánto vale el suplemento?
¿kouannto valė ėl souplėmėnnto?

À quelle heure **part** le train pour... ?

¿A qué hora sale el tren para...?
¿a kė ora salė ėl trėnn para...?

Excusez-moi, cette **place** est réservée.

Perdone, este asiento está reservado.
pėrdonė, ėstė assiėnnto ėsta rrėssėrvado.

Veuillez m'indiquer le **quai**... la voie.

¿Puede usted indicarme el andén... la vía?
¿pouėdė oustėd inndikarmė ėl anndėnn... la via?

Y a-t-il une **réduction** pour les enfants ?

¿Hay alguna rebaja para los niños?
¿aï algouna rrėba'rha para loss nignoss?

Je désire **réserver** une place côté couloir... côté fenêtre.

Deseo reservar un asiento junto al pasillo... a la ventanilla.
dėssėo rrėssėrvar ounn assiėnnto rhounnto al passiyo... a la vėnntaniya.

Le train a du **retard**.

El tren tiene retraso.
él trénn tiéné rrétrasso.

Pouvez-vous me **réveiller**... me prévenir ?

¿Puede usted despertarme... avisarme?
¿pouédé oustéd déspértarmé... avissarmé?

Où sont les **toilettes** ?

¿Dónde están los servicios?
¿donndé éstann loss sérviçioss?

Pouvez-vous m'aider à monter ma **valise** ?

¿Puede usted ayudarme a subir la maleta?
¿pouédé oustéd ayoudarmé a soubir la maléta?

Y a-t-il un **wagon-restaurant**... un **wagon-lit** ?

¿Hay un coche restaurante... un coche cama?
¿aï ounn kotché rréstaourannté... ounn kotché kama?

Vocabulaire		
Aller	*ir*	ir
ARRIVÉE	*LLEGADA*	yégada
Bagages	*el equipaje*	ékıpa'rhé
Billet	*un billete (AmL : un boleto)*	biyété boléto
– aller simple	*– – de ida*	– dé ida
– aller et retour	*– – ida y vuelta*	– ida i vouélta
– première classe	*– – en primera clase*	– énn priméra klassé
– seconde classe	*– – en segunda clase*	– énn ségounnda klassé
BUFFET	*BUFFET, RESTAURANTE*	boufé, rréstaourannté
Changement	*un transbordo*	trannsbordo

Chariot à bagages	*un carrito de equipaje*	karrito dé ékipa'rhé
CHEF DE GARE	*JEFE DE ESTACIÓN*	rhéfé dé éstaçionn
Coin couloir	*junto al pasillo*	rhounnto al passiyo
– fenêtre	*– a la ventanilla*	– a la vénntaniya
Compartiment	*un departamento*	départaménnto
CONSIGNE	*CONSIGNA*	konnsig-na
CONTRÔLEUR	*REVISOR (AmL : INSPECTOR)*	rrévissor innspéktor
Correspondance	*un transbordo*	trannsbordo
Couchette	*una litera*	litéra
Couloir	*el pasillo*	passiyo
DÉPART	*SALIDA*	salida
Escalier (mécanique)	*la escalera (mecánica)*	éskaléra mékanika
EXPÉDITION	*DESPACHO*	déspatcho
FUMEURS / NON FUMEURS	*FUMADORES / NO FUMADORES*	foumadoréss / no foumadoréss
Gare	*la estación*	éstaçionn
GUICHET	*VENTANILLA*	vénntaniya
Indicateur	*el indicador*	inndikador
PASSAGE SOUTERRAIN	*PASAJE SUBTERRÁNEO*	passa'rhé soubtérranéo
Place assise	*un asiento*	assiénnto
Portes	*las puertas*	pouértass
PORTEUR	*MOZO DE ESTACIÓN (AmL : MALETERO)*	moço dé éstaçionn malétéro
QUAI	*ANDÉN*	anndénn
RÉSERVATIONS	*RESERVAS*	rrésservass
Retard	*un retraso*	rrétrasso
SALLE D'ATTENTE	*SALA DE ESPERA*	sala dé éspéra
SORTIE	*SALIDA*	salida
Supplément	*un suplemento*	souplémennto
Valise	*una maleta*	maléta
VOIE	*VÍA*	via
Wagon-lit	*Coche cama*	kotché kama
– restaurant	*Coche restaurante (AmL : Coche comedor)*	kotché rréstaourannté kotché komédor

Voiture • Moto

coche • moto
kotché • moto

Donnez-moi 10... 20 litres d'essence... d'ordinaire... de super... de sans plomb... de gasoil.

Deme diez... veinte litros de gasolina... corriente... super... sín plomo... gasóleo.
démé diéç... véinnté litross dé gassolina... korriénnté... soupér... sinn plomo... gassoléo.

Faites le plein, s'il vous plaît.

Lleno, por favor.
yéno, por favor.

Il faudrait mettre de l'eau distillée dans la **batterie**.

Habría que poner agua destilada en la batería.
abria ké ponér agoua déstilada énn la batéria.

Pouvez vous **changer** le pneu ?

¿Puede usted cambiar el neumático?
¿pouédé oustéd kambiar él néoumatiko?

Combien cela va-t-il **coûter** ?

¿Cuánto va a costar ésto?
¿kouannto va a kostar ésto?

Combien coûte le **lavage** ?

¿Cuánto vale el lavado?
¿kouannto valé él lavado?

Pouvez-vous **nettoyer** le pare-brise ?

¿Puede usted limpiar el parabrisas?
¿pouédé oustéd limpiar él parabrissass?

Pouvez-vous **régler** les phares ?

¿Puede usted ajustar las luces?
¿pouèdè oustèd a'rhoustar lass louçèss?

Pouvez-vous **vérifier** l'eau... l'huile... la pression des pneus ?

¿Puede usted controlar el agua... el aceite... la presión de los neumáticos?
¿pouèdè oustèd konntrolar èl agoua... èl açèité... la prèssionn dè loss nèoumatikoss?

Vocabulaire		
Accélérateur	*el acelerador*	açèlèrador
Accélérer	*acelerar*	açèlèrar
Aider	*ayudar*	ayoudar
Aile	*una aleta*	alèta
Allumage	*el encendido*	ènnçènndido
Allumer	*encender*	ènnçènndèr
Ampoule	*una bombilla, un foco*	bombiya, foko
Antigel	*el antigel*	annti'rhèl
Antivol	*el antirrobo*	anntirrobo
Arrière	*trasero*	trassèro
Avant	*delantero*	dèlanntèro
Avertisseur	*la bocina*	boçina
Bas	*de abajo*	aba'rho
Batterie	*la batería*	batèria
Bloqué	*bloqueado*	blokèado
Bobine d'allumage	*la bobina de encendido*	bobina dè ènnçènndido
Boîte de direction	*la caja de dirección*	ka'rha dè dirèkçionn
– de vitesses	*– – de cambios*	– dè kambioss
Bouchon	*un tapón*	taponn
Bougie	*una bujía*	bou'rhia
Boulon	*un perno*	pèrno
Bruit	*un ruido*	rrouido
Câble	*un cable*	kablè

– (du frein à main)	*– del freno de mano*	– dèl frèno dè mano
Capot	*el capó*	kapo
Carburateur	*el carburador*	karbourador
Carrosserie	*la carrocería*	karroçèria
Carter	*el cárter*	kartèr
Cassé	*roto, quebrado*	rroto, kèbrado
Ceinture de sécurité	*el cinturón de seguridad*	çinntouronn dè sègouridad
Chaînes	*las cadenas*	kadènass
Changer	*cambiar*	kambiar
Châssis	*el chasis*	tchassiss
Chauffage	*la calefacción*	kalèfakçionn
Circuit électrique	*el sistema eléctrico*	sistèma èlèktriko
Clef	*la llave*	yavè
– de contact	*– de contacto*	– dè konntakto
Clignotant	*el intermitente*	inntèrmitènnté
Codes	*las luces bajas*	louçèss ba'rhass
Coffre	*el portaequipajes*	portaèkipa'rhèss
Commande	*un mando*	manndo
Compte-tours	*el cuentarre-voluciones*	kouènntarrè-volouçionèss
Compteur de vitesse	*el velocímetro*	vèloçimètro
Condensateur	*el condensador*	konndènnsador
Contact	*el contacto*	konntakto
Couler une bielle	*fundir una biela*	founndir ouna bièla
Courroie de ventilateur	*la correa del ventilador*	korrèa dèl vènntilador
Court-circuit	*un cortocircuito*	kortoçirkouito
Crevaison	*un neumático reventado*	nèoumatiko rrèvènntado
Cric	*el gato*	gato
Culasse	*la culata*	koulata
Débranché	*desenchufado*	dèssènntchoufado
Débrayer	*desembragar*	dèssèmbragar
Défectueux	*defectuoso*	dèfèktouosso
Déformé	*deformado*	dèformado
Dégivrer	*desescarchar*	dèssèskartchar
Démarrer	*arrancar*	arrannkar
Démarreur	*el arranque*	arrannkè
Desserré	*suelto*	souèlto
Dévisser	*destornillar*	dèstorniyar

Direction	*la dirección*	dirèkçionn
Dynamo	*el dinamo*	dinamo
Éclairage	*las luces*	louçèss
Écrou	*una tuerca*	touèrka
Embrayage	*el embrague*	èmbraguè
Embrayer	*embragar*	èmbragar
Essence	*la gasolina (AmL : bencina, nafta)*	gassolina bènnçina, nafta
Essieu	*el eje*	è'rhè
Essuie-glace	*el limpiacristales (AmL : el limpiaparabrisas)*	limpiakristalèss limpiaparabrissass
Fermé	*cerrado*	çèrrado
Feux arrière	*luces traseras*	louçèss trassèrass
– de position	*– piloto*	– piloto
– de détresse	*el intermitente de emergencia*	inntèrmitènntè dè èmèr'rhènnçia
– de stop	*– de parada, de freno*	– dè parada, dè frèno
Fil	*un alambre*	alambrè
Filtre	*un filtro*	filtro
– à air	*– – de aire*	– dè aïrè
– à essence	*– – de gasolina*	– dè gassolina
– à huile	*– – de aceite*	– açèitè
Frein	*el freno*	frèno
– à disque	*– – de disco*	– dè disko
– à main	*– – de mano*	– dè mano
Garniture de frein	*el forro de freno*	forro dè frèno
Glace	*el vidrio*	vidrio
Jante	*la yanta*	yannta
Jauge (niveau)	*la varilla indicadora*	variya inndikadora
Joint de culasse	*una junta de culata*	rhounnta dè koulata
– d'étanchéité	*el retén*	rrètènn
Klaxonner	*tocar la bocina*	tokar la bossina
Lavage	*el lavado*	lavado
Lave-glace	*un lavavidrios*	lavavidrioss
Lent	*lento*	lènnto
Liquide de freins	*el líquido de frenos*	likido dè frènoss
Lubrifiant	*un lubrificante*	loubrifikanntè
Mécanicien	*un mecánico*	mèkaniko
Moteur	*un motor*	motor

Nettoyer	*limpiar*	limpiar
Ouvert	*abierto*	abièrto
Pare-brise	*el parabrisas*	parabrissass
Pare-chocs	*el parachoques*	paratchokèss
Pédale	*un pedal*	pèdal
Phares	*los faros*	faross
– antibrouillard	*– – antiniebla*	– anntinièbla
– de recul	*las luces de marcha atrás*	louçèss dè martcha atrass
Pièce de rechange	*un recambio, repuesto*	rrèkambio, rrèpouèsto
Pinces	*un alicate*	alikatè
Plaque d'immatriculation	*la matrícula*	matrikoula
Pneu	*un neumático*	nèoumatiko
Pneu neige	*– – para nieve*	– para nièvè
Pompe	*la bomba*	bomba
– à eau	*– – de agua*	– dè agoua
– à essence	*– – de gasolina*	– dè gassolina
– à huile	*– – de aceite*	– dè açèitè
– à injection	*– – de inyección*	– dè innyèkçionn
Pot d'échappement	*el silenciador*	silènnçiador
Pousser	*empujar*	èmpou'rhar
Pression des pneus	*la presión de los neumáticos*	prèssionn dè loss nèoumatikoss
Radiateur	*el radiador*	rradiador
Ralenti	*el ralentí*	rralènnti
Recharger	*recargar, cargar*	rrèkargar, kargar
Refroidissement	*la refrigeración*	rrèfri'rhèraçionn
Réglage du parallélisme	*ajuste del paralelismo*	a'rhoustè dèl paralèlismo
Régler	*regular, ajustar*	rrègoular, a'rhoustar
Remorque	*un remolque*	rrèmolkè
Remplacer	*reemplazar*	rrèèmplaçar
Réparation	*un arreglo*	arrèglo
Réservoir d'essence	*el tanque*	tannkè
Rétroviseur extérieur	*el retrovisor exterior*	rrètrovissor èkstèrior
– intérieur	*– – interior*	– inntèrior
Roue	*la rueda*	rrouèda
– de secours	*– – de repuesto*	– dè rrèpouèsto

Rouillé	*enmohecido*	ènnmoèçido
Serrer	*apretar*	aprètar
Serrure	*una cerradura*	çèrradoura
Siège	*un asiento*	assiènnto
Soupape	*una sopapa*	sopapa
Suspension	*la suspensión*	souspènnsionn
Système électrique	*el sistema eléctrico*	sistèma èlèktriko
Système électronique	*el sistema eléctrónico*	sistèma èlèktroniko
Tambour de frein	*el tambor de frenos*	tambor dè frènoss
Thermostat	*el termostato*	tèrmostato
Tirer	*tirar, jalar*	tirar, rhalar
Tournevis	*un destornillador*	dèstorniyador
Transmission	*la transmisión*	trannsmissionn
– automatique	*– – automática*	– aoutomatika
Triangle de signalisation	*el triángulo de señalización*	trianngoulo dè sègnaliçaçionn
Usé	*gastado*	gastado
Ventilateur	*el ventilador*	vènntilador
Vibrer	*vibrar*	vibrar
Vilebrequin	*el cigüeñal*	çigouègnal
Vis	*un tornillo*	torniyo
Vitesse	*la velocidad*	vèloçidad
Volant	*el volante*	volanntè
MOTO	*UNA MOTO*	moto
Béquille	*el soporte*	soportè
Cardan	*el cardán*	kardann
Chaîne	*la cadena*	kadèna
Fourche avant	*la horquilla delantera*	orkiya dèlanntèra
– arrière	*– – trasera*	– trassèra
Garde-boue	*el guardabarros (AmL : tapabarros)*	gouardabarross tapabarross
Guidon	*la guía (AmL : el manubrio)*	guia manoubrio
Poignée	*el puño*	pougno
– des gaz	*– – de gases*	– dè gassèss
Rayon	*un rayo*	rrayo
Repose-pieds	*el descansapies*	dèskannssapièss
Selle	*el sillín (AmL : el asiento)*	siyinn assiènnto

Logement • restauration

Camping

camping
kamping

Où y a-t-il un terrain de camping ?

¿Dónde hay un camping?
¿donndė aï ounn kamping?

Comment y parvenir ?

¿Cómo se llega allí?
¿komo sė yėga ayi?

Pouvez-vous me montrer le chemin sur la carte ?

¿Puede usted mostrarme el camino en el mapa?
¿pouėdė oustėd mostrarmė ėl kamino ėnn ėl mapa?

Où puis-je **acheter** une bouteille de gaz... une torche ?

¿Dónde puedo comprar una botella de gas... una linterna?
¿donndė pouėdo komprar ouna botėya dė gass... ouna linntėrna?

Où puis-je **dresser** la tente ?

¿Dónde puedo montar la tienda?
¿donndė pouėdo monntar la tiėnnda?

Où se trouve le poste d'**eau potable** ?

¿Dónde se encuentra el grifo de agua potable?
¿donndė sė ėnnkouėnntra ėl grifo dė agoua potablė?

Où puis-je **garer la caravane** ?

¿Dónde puedo aparcar la caravana?
¿donndė pouėdo aparkar la karavana?

Y a-t-il un **magasin d'alimentation** ?

¿Hay alguna tienda de comestibles?
¿aï algouna tiènnda dè komèstiblèss?

Avez-vous de la **place** ?

¿Tiene usted lugar?
¿tiènè oustèd lougar?

Quel est le **prix** par jour et par personne... pour la voiture... la caravane... la tente ?

¿Cuál es el precio por día por persona... por coche... por caravana... por tienda?
¿koual èss èl prèçio por dia por pèrsona... por kotchè... por karavana... por tiènnda?

Comment se fait le **raccord au réseau électrique** ?

¿Cómo se hace la conexión eléctrica?
¿komo sè açè la konèksionn èlèktrika?

Nous désirons **rester**... jours... semaines.

Quisiéramos quedarnos... días... semanas.
kissièramoss kèdarnoss... diass... sèmanass.

Le camping est-il **surveillé** la nuit ?

¿Hay alguna vigilancia por la noche?
¿aï algouna vi'rhilannçia por la notchè?

Où sont les **toilettes**... les douches... les lavabos... les poubelles ?

¿Dónde están los servicios... las duchas... los lavabos... el basurero?
¿donndè èstann loss sèrviçioss... lass doutchass...
loss lavaboss... èl bassourèro?

Quel est le **voltage** ?

¿Cuál es el voltaje?
¿koual èss èl volta'rhè?

Vocabulaire		
Alcool à brûler	*alcohol de quemar*	alkool dè kèmar
Allumettes	*cerillas (AmL : cerillos, fósforos)*	çèriyass çèriyoss, fosfoross
Ampoule	*una bombilla (AmL : una ampolleta)*	bombiya ampoyèta
Assiette	*un plato*	plato
Bidon	*un bidón*	bidonn
Bougie (cire)	*una vela*	vèla
Branchement	*la conexión*	konèksionn
Briquet	*un mechero, encendedor*	mètchèro, ènnçènndèdor
Buanderie	*la lavandería, el lavadero*	lavanndèria, lavadèro
CAMPING INTERDIT	*PROHIBIDO HACER CAMPING*	proïbido açèr kamping
Caravane	*una caravana, roulotte*	karavana, rroulot
Casserole	*una cacerola (AmL : una olla)*	kaçèrola oya
Catégorie	*la categoría*	katègoria
Chaise	*una silla*	siya
Chaise longue	*una tumbona (AmL : una silla de lona)*	toumbona siya dè lona
Chauffage	*la calefacción*	kalèfakçionn
Corde	*una cuerda (AmL : una soga)*	kouèrda soga
Couteau	*un cuchillo*	koutchiyo
Couverts	*unos cubiertos*	koubièrtoss
Couverture	*una manta (Mex : una cobija) (AmL : una frazada)*	mannta kobi'rha fraçada
Cuiller	*una cuchara*	koutchara
Décapsuleur	*un destapador*	dèstapador

Douche	*la ducha*	doutcha
Draps	*las sábanas*	sabanass
Eau potable	*el agua potable*	agoua potablė
– chaude	*– – caliente*	– kaliènntė
– froide	*– – fría*	– fria
Emplacement	*un sitio*	sitio
Enregistrement	*la inscripción*	innskripçionn
Fourchette	*un tenedor*	tėnėdor
Gardien	*el guardia*	gouardia
Gaz en bouteille	*gas en botella*	gass ėnn botėya
Gobelet	*un vaso*	vasso
Gourde	*una cantimplora*	kanntimplora
Lampe de poche	*una linterna*	linntėrna
– tempête	*– – a prueba de viento*	– a prouėba dė viėnnto
Lave-linge	*una lavadora*	lavadora
Linge	*la ropa*	rropa
Lit de camp	*una cama de campaña*	kama dė kampagna
Louer	*alquilar, arrendar*	alkilar, arrėnndar
Marteau	*un martillo*	martiyo
Mât de tente	*un mástil*	mastil
Matelas	*un colchón*	koltchonn
– pneumatique	*– – inflable*	– innflablė
Matériel de camping	*material de camping*	matėrial dė kamping
Moustiquaire	*un mosquitero*	moskitėro
Ouvre-boîtes	*un abrelatas*	abrėlatass
Papier hygiénique	*papel higiénico*	papėl i'rhiėniko
Pince	*un alicate*	alikatė
– à linge	*un alfiler de la ropa*	alfilėr dė la rropa
Piquet de tente	*una estaca*	ėstaka
Piscine	*la piscina (Arg : la pileta)*	piçina pilėta
Poubelle	*el basurero*	bassourėro
Prise de courant	*el enchufe*	ėnntchoufė
Réchaud	*una cocinilla (AmL : un anafe)*	koçiniya anafė
Réfrigérateur	*una nevera (AmL : un refrigerador)*	nėvėra rrėfri'rhėrador
Remorque	*un remolque*	rrėmolkė

Robinet	*el grifo (AmL : la llave del agua)*	grifo yavė dėl agoua
Sac à dos	*una mochila*	motchila
– de couchage	*un saco de dormir*	sako dė dormir
Seau	*un cubo (AmL : un balde)*	koubo baldė
Table	*una mesa*	mėssa
Tapis de sol	*una alfombra de hule*	alfombra dė oulė
Tasse	*una taza*	taça
Tendeur	*un tensor*	tėnnsor
Tente	*una tienda (AmL : una carpa)*	tiėnnda karpa
Terrain	*un terreno*	tėrrėno
Terrain de jeux	*un campo de juego*	kampo dė rhouėgo
Toilettes	*los servicios (AmL : el baño, water)*	sėrviçioss bagno, ouatėr
Tournevis	*el destornillador*	dėstorniyador
Trousse de secours	*el botiquín*	botikinn
Vaisselle	*la vajilla*	va'rhiya

Hôtel

hotel
otél

Où y a-t-il un bon hôtel... un hôtel bon marché ?

¿Dónde hay un buen hotel... un hotel barato?
¿donndė aï ounn bouėnn otėl... ounn otėl barato?

Je suis Monsieur, Madame, Mademoiselle... **J'ai réservé pour** une (deux) nuit(s), une (deux) chambre(s) à un (deux) lit(s), avec douche... avec bain... avec télévision.

Soy el Señor, la Señora, la Señorita... He reservado para una (dos) noche(s), una (dos) habitación

(habitaciones), con una (dos) cama(s), con ducha... con cuarto de baño... con televisión.
soï èl sègnor, la sègnora, la sègnorita... è rrèssèrvado para ouna (doss) notchè(s)s, ouna (doss) abitaçionn (abitacioness), konn ouna (doss) kama(ss), konn doutcha... konn kouarto dè bagno... konn tèlèvissionn.

FERMÉ	*CERRADO*	çèrrado
OUVERT	*ABIERTO*	abièrto
COMPLET	*COMPLETO*	komplèto

Acceptez-vous les animaux ?

¿Acepta usted los animales?
¿açèpta oustèd loss animalèss?

Pouvez-vous **appeler** un autre hôtel ?

¿Puede usted llamar a otro hotel?
¿pouèdè oustèd yamar a otro otèl?

J'**attends** quelqu'un. Je suis dans le salon... au bar.

Estoy esperando a alguien. Estoy en el salón... en el bar.
èstoï èspèranndo a alguiènn. èstoï ènn èl salonn... ènn èl bar.

Pouvez-vous monter les **bagages**, s'il vous plaît ?

¿Puede usted subir el equipaje, por favor?
¿pouèdè oustèd soubir èl èkipa'rhè, por favor?

Où se trouve le **bar** ?

¿Dónde está el bar?
¿donndè èsta èl bar?

Avez-vous des **cartes postales**... des timbres ?

¿Tiene usted tarjetas postales... sellos?
¿tiènè oustèd tar'rhètass postalèss... sèyoss?

Je voudrais une **chambre** calme... moins chère.

Quisiera una habitación tranquila... menos cara.
kissièra ouna abitaçionn trannkila... mènoss kara.

Avec vue sur la mer... sur la montagne... sur la rue ?

¿Con vista al mar... a las montañas... a la calle?
¿konn vista al mar... a lass monntagnass... a la kayè?

Peut-on voir la **chambre** ?

¿Se puede ver la habitación?
¿sè pouèdè vèr la abitaçionn?

Acceptez-vous les Eurochèques... les cartes de crédit ?

¿Acepta usted los Eurocheques... las tarjetas de crédito?
¿açèpta oustèd loss èourotchèkèss... lass tar'rhètass dè krèdito?

Pouvez-vous me donner la **clef**, s'il vous plaît ?

¿Puede usted darme la llave, por favor?
¿pouèdè oustèd darmè la yavè, por favor?

J'ai laissé la **clef** à l'intérieur.

He dejado la llave adentro.
è dè'rhado la yavè adènntro.

Avez-vous un **coffre** ?

¿Tiene usted una caja fuerte?
¿tiènè oustèd ouna ka'rha fouèrtè?

Nous sommes **complets.**

El hotel está lleno (completo).
èl otèl èsta yèno (komplèto).

Pourriez-vous faire **descendre** mes bagages ?

¿Puede usted pedir que bajen mi equipaje?
¿pouèdè oustèd pèdir kè ba'rhènn mi èkipa'rhè?

L'**électricité** (la prise de courant) ne fonctionne pas.

La electricidad (el enchufe) no funciona.
la èlèktriçidad (èl ènntchoufè) no founnçiona.

Voulez-vous m'envoyer la **femme de chambre** ?

¿Puede usted mandarme a la camarera?
¿pouèdè oustèd manndarmè a la kamarèra?

La **fenêtre** (la porte) (le verrou) ferme mal.

La ventana (la puerta) (el cerrojo) cierra mal.
la vènntana (la pouèrta) (èl çèrro'rho) çièrra mal.

Voulez-vous remplir cette **fiche** ?

Llene esta ficha, por favor.
yènè èsta fitcha, por favor.

Le **lavabo**... les toilettes... le bidet... est (sont) bouché(s).

El lavabo... el wáter... el bidé... está (están) atascado(s).
èl lavabo... èl ouatèr... èl bidè... èsta (èstann) ataskado(ss).

J'ai du linge à faire **laver**... nettoyer... repasser.

Tengo ropa para lavar... limpiar... planchar.
tėnngo rropa para lavar... limpiar... planntchar.

Ce n'est pas mon **linge**.

Esta no es mi ropa.
ėsta no ėss mi rropa.

Y a-t-il un **message** pour moi ?

¿Hay algún recado para mí?
¿aï algounn rrėkado para mi?

Pourriez-vous m'expliquer les détails de cette **note** ?

¿Podría usted explicarme los detalles de esta cuenta?
¿podria oustėd ėksplikarmė loss dėtayėss dė ėsta kouėnnta?

Je ne peux pas **ouvrir** la porte de ma chambre.

No puedo abrir la puerta de mi habitación.
no pouėdo abrir la pouėrta dė mi abitaçionn.

Pouvez-vous me rendre mes **papiers d'identité** ?

¿Puede usted devolverme mis documentos?
¿pouėdė oustėd dėvolvėrmė miss dokoumėnntoss?

Avez-vous un **parking** ou un garage ?

¿Tiene usted un parking o un garaje?
¿tiėnė oustėd ounn parking o ounn gara'rhė?

Non, il y a un **parcmètre**.

No, hay un parquímetro.
no, aï ounn parkimėtro.

Je pense **partir** demain. Préparez ma note, s'il vous plaît.

Pienso irme mañana. Prepáreme la cuenta, por favor.
piénnso irmé magnana. préparémé la kouénnta, por favor.

Le **petit déjeuner** est-il inclus ? Servi dans la chambre ? Avec ou sans supplément ?

¿El desayuno está incluido?... ¿lo sirven en la habitación? ¿con o sin suplemento?
¿él déssayouno ésta innklóuido? ¿lo sirvénn énn la abitaçionn? ¿konn o sinn souplémennto?

Petit déjeuner continental ou américain ?

¿Desayuno continental o americano?
¿déssayouno konntinénntal o amérikano?

Je suis **pressé**... en retard.

Tengo prisa... estoy atrasado.
ténngo prissa... éstoï atrassado.

Je vous **remercie** de votre excellent service.

Le agradezco mucho su excelente atención.
lé agradéçko moutcho sou ékçélénnté aténnçionn.

Je **rentre** (je reviens) à... heures.

Vuelvo a las...
vouélvo a lass...

Faites-vous des **réservations** pour les spectacles... les visites touristiques ?

¿Hace usted reservas para los espectáculos... las visitas turísticas?
¿açė oustėd rrėssėrvass para loss ėspėktakouloss... lass vissitass touristikass?

Y a-t-il un **restaurant** dans l'hôtel ?

¿Hay restaurante en el hotel?
¿aï rrėstaouranntė ėnn ėl otėl?

Oui, au premier étage.

Sí, en el primer piso.
si, ėnn ėl primėr pisso.

Combien de temps **restez**-vous ?

¿Cuánto tiempo se quedará usted?
¿kouannto tiėmpo sė kėdara oustėd?

Je pense **rester**... jours... semaines... jusqu'au...

Pienso quedarme... días... semanas... hasta el...
piėnnso kėdarmė... diass... sėmanass... asta ėl...

Pouvez-vous me **réveiller** à... heures ?

¿Puede usted despertarme a las...?
¿pouėdė oustėd dėspėrtarmė a lass...?

Je voudrais une **serviette** de bain... une couverture... du fil et une aiguille... du savon... du papier à lettres... une enveloppe.

Quisiera una toalla... una manta... hilo de coser y una aguja... jabón... papel de carta... un sobre.
kissiėra ouna toaya... ouna mannta... ilo dė kossėr i ouna agou'rha... rhabonn... papėl dė karta... ounn sobrė.

Téléphonez au **service d'étage.**

Llame al personal de piso.
yamė al pėrsonal dė pisso.

Le **stationnement** est-il permis dans cette rue ?

¿Está permitido aparcar en esta calle?
¿ėsta pėrmitido aparkar ėnn ėsta kayė?

Je voudrais **téléphoner** en France... en ville.

Quisiera llamar a Francia... dentro de la ciudad.
kissiėra yamar a frannçia... dėnntro dė la çioudad.

Vous appelez de votre chambre le n°...

Llame usted al número... desde su habitación.
yamė oustėd al nouméro... dėsdė sou abitaçionn.

Combien de **temps** faut-il pour aller à la gare... à l'aéroport ?

¿Cuánto tiempo se necesita para ir a la estación... al aeropuerto?
¿kouannto tiėmpo sė nėçėssita para ir a la ėstaçionn... al aėropouėrto?

Nos **voisins** sont bruyants.

Nuestros vecinos hacen mucho ruido.
nouėstross vėçinoss açėnn moutcho rrouido.

Quel est le **voltage** ?

¿Cuál es el voltaje?
¿koual ėss ėl volta'rhė?

Vocabulaire		
Accueil	*la recepción*	rréçèpçionn
Air conditionné	*el aire acondicionado*	aïrè akonndiçionado
Ampoule	*una bombilla (AmL : una ampolleta)*	bombiya ampoyèta
Arrivée	*la llegada*	yègada
Ascenseur	*el ascensor*	açènnsor
Baignoire	*la bañera (AmL : la tina de baño)*	bagnèra tina dè bagno
Balcon	*el balcón*	balkonn
Bidet	*el bidé*	bidè
CAISSE	*CAJA*	ka'rha
Cendrier	*un cenicero*	çèniçèro
Chaise	*una silla*	siya
Chambre	*una habitación (AmL : el cuarto)*	abitaçionn kouarto
Chasse d'eau	*la cadena*	kadèna
Chaud	*caliente*	kaliènntè
Chauffage	*la calefacción*	kalèfakçionn
Chèque de voyage	*un cheque de viaje*	tchèkè dè via'rhè
Cintre	*una percha*	pèrtcha
Clef (de la chambre)	*la llave de la habitación*	yavè dè la abitaçionn
CONCIERGE	*PORTERO, GUARDIA*	portèro, gouardia
Courant	*la corriente*	korrìènntè
Couverture	*una manta (Mex : una cobija) (AmL : una frazada)*	mannta kobi'rha fraçada
Demi-pension	*media pensión*	mèdia pènnsionn
Direction	*la dirección*	dirèkçionn
Douche	*la ducha*	doutcha
Draps	*las sábanas*	sabanass
Eau chaude	*el agua caliente*	agoua kaliènntè
– froide	*– – fría*	– fria
Escalier	*la escalera*	èskalèra
Étage	*el piso*	pisso
Froid	*frío*	frio
Fuite	*un escape*	èskapè
Interrupteur	*el interruptor*	inntèrrouptor

Lit	*la cama*	kama
Lumière	*la luz*	louç
Matelas	*el colchón*	koltchonn
Miroir	*el espejo*	èspè'rho
Nettoyer	*limpiar*	limpiar
Note	*la cuenta*	kouènnta
Oreiller	*la almohada*	almoada
Papiers d'identité	*los documentos*	dokoumènntoss
Pension complète	*pensión completa*	pènnsionn komplèta
Porteur	*el mozo* (*AmL : el maletero*)	moço malètèro
Portier	*el portero*	portèro
Rasoir électrique	*una máquina de afeitar eléctrica*	makina dè afèitar èlèktrika
Rasoir mécanique	*una maquinilla de afeitar*	makiniya dè afèitar
RÉCEPTION	*RECEPCIÓN*	rrèçèpçionn
Réfrigérateur	*la nevera* (*AmL : el refrigerador*)	nèvèra rrèfri'rhèrador
Robinet	*el grifo* (*AmL : la llave del agua*)	grifo yavè dèl agoua
SALLE À MANGER	*COMEDOR*	komèdor
Salle de bains	*el cuarto de baño*	kouarto dè bagno
Savon	*el jabón*	rhabonn
SERVICE	*SERVICIO*	sèrviçio
Serviette de bain	*una toalla de baño*	toaya dè bagno
– de toilette	*una toalla*	toaya
Table de nuit	*la mesilla de noche*	mèssiya dè notchè
TOILETTES	*SERVICIOS* (*AmL : BAÑO, WC*)	sèrviçioss bagno, vèssè
Verrou	*un cerrojo*	çèrro'rho
Voltage	*el voltaje*	volta'rhè

Petit déjeuner

desayuno
déssayouno

Vocabulaire		
Assiette	*un plato*	plato
Bacon	*el tocino*	toçino
Beurre	*la mantequilla (Arg : la manteca)*	manntékiya manntéka
Bol	*un bol*	bol
Café noir	*un café solo (puro) (Mex : – – negro)*	kafé solo (pouro) – négro
– au lait	*– – con leche*	– konn létché
Chaud	*caliente*	kaliénnté
Chocolat	*un chocolate*	tchokolaté
Citron	*un limón*	limonn
Confiture	*la mermelada (AmL : el dulce)*	mérmélada doulçé
Couteau	*un cuchillo*	koutchiyo
Cuiller	*una cuchara*	koutchara
Petite cuiller	*una cucharilla*	koutchariya
Eau	*el agua*	agoua
Fourchette	*un tenedor*	ténédor
Froid	*frío*	frio
Fromage	*el queso*	késso
Fruit	*la fruta*	frouta
Jambon	*el jamón*	rhamonn
Jus de fruits	*un zumo de fruta (AmL : un jugo de fruta)*	çoumo dé frouta rhougo dé frouta
– d'orange	*– – de naranja*	– narann'rha
– de pamplemousse	*– – de pomelo (Mex : – de toronja)*	– dé pomélo – dé toronn'rha
– de pomme	*– de manzana*	– dé mannçana
Miel	*la miel*	miél
Œufs brouillés	*huevos revueltos*	ouévoss rrévouéltoss
– à la coque	*– pasados por agua (AmL : huevos a la copa)*	– passadoss por agoua – a la kopa

– sur le plat	*– estrellados (AmL : – fritos)*	– èstrèyadoss – fritoss
Omelette	*una tortilla*	tortiya
Pain	*el pan*	pann
Poivre	*la pimienta*	pimiènnta
Saucisses	*las salchichas*	saltchitchass
Sel	*la sal*	sal
Soucoupe	*un platillo*	platiyo
Sucre	*el azúcar*	açoukar
Table	*una mesa*	mèssa
Tasse	*una taza*	taça
Thé	*un té*	tè
Toast	*pan tostado*	pann tostado
Verre	*un vaso*	vasso
Yoghourt	*un yogur*	yogour

Animaux de compagnie

animales de compañia
animaléss dé kompagnia

Acceptez-vous les **animaux**... les chats... les chiens ?

¿Acepta usted los animales... los gatos... los perros?
¿açèpta oustèd loss animalèss... loss gatoss... loss pèrross?

Mon chien n'est pas **méchant**.

Mi perro no es bravo.
mi pèrro no èss bravo.

Faut-il payer un **supplément** ?

¿Hay que pagar un suplemento?
¿aï kè pagar ounn souplèmènnto?

Où puis-je trouver un **vétérinaire** ?

¿Dónde puedo encontrar a un veterinario?
¿donndè pouèdo ènnkonntrar a ounn vètèrinario?

Vocabulaire		
Aboyer	*ladrar*	ladrar
Certificat	*un certificado*	çèrtifikado
Chat	*un gato*	gato
Chien	*un perro*	pèrro
Chienne	*una perra*	pèrra
Collier	*un collar*	koyar
Croc	*un colmillo*	kolmiyo
Docile	*dócil*	doçil
Enragé	*enrabiado*	ènnrrabiado
Gueule	*la jeta*	rhèta
Laisse	*la correa*	korrèa
Malade	*enfermo, malo*	ènnfèrmo, malo
Miauler	*maullar*	maouyar
Muselière	*un bozal*	boçal
Obéissant	*obediente*	obèdiènntè
Pattes	*las patas*	patass
Propre	*limpio*	limpio
Queue	*la cola*	kola
Vaccin	*una vacuna*	vakouna
Vétérinaire	*el veterinario*	vètèrinario

Restauration

restaurante
rrèstaourannté

Pouvez-vous m'indiquer un bon restaurant...
un restaurant bon marché... à prix raisonnables ?

¿Puede usted indicarme un buen restaurante... un restaurante barato... de precios razonables?
¿pouèdè oustèd inndikarmè ounn bouènn rrèstaourranntè... ounn rrèstaourranntè barato... dè prèçioss rraçonablèss?

Pouvez-vous m'indiquer un restaurant typique de la région ?

> **¿Puede usted indicarme algún restaurante típico de la región?**
> ¿pouèdè oustèd inndikarmè algounn rrèstaourranntè tipiko dè la rré'rhionn?

FERMÉ	*CERRADO*	çèrrado
OUVERT	*ABIERTO*	abièrto
COMPLET	*COMPLETO (LLENO)*	komplèto (yèno)

Pouvons-nous déjeuner... dîner ?

> **¿Podemos almorzar... cenar?**
> ¿podèmoss almorçar... çènar?

Apportez-moi la carte, s'il vous plaît.

> **Tráigame la carta, por favor.**
> traïgamè la karta, por favor.

S'il vous plaît, je voudrais une **boisson**... chaude... une bière... un jus de fruits... un verre de...

> **Por favor, quisiera una bebida... caliente... una cerveza... un zumo (jugo) de fruta... un vaso de...**
> por favor, kissièra ouna bèbida... kaliènntè... ouna çèrvèça... ounn çoumo (rhougo) dè frouta... ounn vasso dè...

Je n'ai pas **commandé** cela.

> **Yo no he pedido esto.**
> yo no è pèdido èsto.

Que me **conseillez-vous** sur cette carte ?

> **¿Qué me recomienda usted en esta carta?**
> ¿kè mè rrèkomiènnda oustèd ènn èsta karta?

C'est trop **cuit**... Ce n'est pas assez **cuit**.

Está demasiado cocido... No está bastante cocido.
èsta dèmassiado koçido... no èsta bastannté koçido.

Je ne désire pas d'**entrée**.

No deseo entrada (entremeses).
no dèsséo ènntrada (ènntrémèssèss).

Il y a une **erreur**.

Hay un error.
aï ounn èrror.

Pouvez-vous **réchauffer** ce plat ? Il est froid.

¿Puede usted calentar este plato? Está frío.
¿pouèdé oustèd kalènntar èsté plato? èsta frio.

J'ai **réservé** une table pour deux personnes.

He reservado una mesa para dos personas.
é rrèssèrvado ouna mèssa para doss pèrsonass.

Je voudrais **réserver** pour quatre personnes.

Quisiera reservar para cuatro personas.
kissièra rrèssèrvar para kouatro pèrsonass.

Le **service** est-il compris ?

¿Está incluido el servicio?
¿èsta innklouido èl sèrviçio?

Avez-vous une **table libre**... dehors... sur la terrasse... près de la fenêtre ?

¿Tiene usted alguna mesa desocupada... afuera... en la terraza... junto a la ventana?

¿tiènè oustèd algouna mèssa dèssokoupada...
afouèra... ènn la tèrraça... rhounnto a la vènntana?

Non, monsieur, tout est réservé.

No, señor, todo está reservado.
no, sègnor, todo èsta rrèssèrvado.

Où sont les **toilettes**, s'il vous plaît ?

¿Dónde están los servicios, por favor?
¿donndè èstann loss sèrviçioss, por favor?

Il est trop **tôt**... trop **tard**.

Es demasiado temprano... demasiado tarde.
èss dèmassiado tèmprano... dèmassiado tardè.

Le **vin** est-il compris ?

¿Está incluido el vino?
¿èsta innklouido èl vino?

Ce **vin** sent le bouchon.

Este vino huele a corcho.
èstè vino ouèlè a kortcho.

L'addition, s'il vous plaît.

La cuenta, por favor.
la kouènnta, por favor.

Vocabulaire		
Addition	*la cuenta*	kouènnta
Agneau (viande)	*la carne de cordero*	karnè dè kordèro
Ail (avec)	*con ajo*	konn a'rho
– (sans)	*sin ajo*	sinn a'rho
Ananas	*una piña, un ananas*	pigna, ananass
Anchois	*las anchoas*	anntchoass
Apéritif	*un aperitivo*	apèritivo

Artichaut	*una alcachofa*	alkatchofa
Asperges	*los espárragos*	èsparragoss
Assaisonner	*sazonar* *(AmL : aliñar)*	saçonar alignar
Assiette	*un plato*	plato
Beurre	*la mantequilla* *(Arg : la manteca)*	manntèkiya manntèka
Bière blonde	*la cerveza rubia*	çèrvèça rroubia
– (bouteille)	*una botella de cerveza*	botèya dè çèrvèça
– brune	*la cerveza negra*	çèrvèça nègra
– pression	*una caña*	kagna
Bleu	*muy crudo* *(AmL : de vuelta y vuelta)*	moui kroudo dè vouèlta i vouèlta
Bœuf (viande)	*la carne de buey* *(AmL : la carne de vaca)*	karnè dè bouèi karnè dè vaka
Boisson	*una bebida*	bèbida
– chaude	*caliente*	kaliènntè
– fraîche	*fría*	fria
Bouchon	*corcho*	kortcho
Bouilli	*hervido*	èrvido
Braisé	*estofado*	èstofado
Brûlé	*quemado*	kèmado
Café	*un café*	kafè
– fort	*– – fuerte*	– fouèrtè
– léger	*– – ligero*	– li'rhèro
– au lait	*– – con leche*	– konn lètchè
Canard	*un pato*	pato
Carafe	*una jarra*	rharra
Carotte	*una zanahoria*	çanaoria
Cendrier	*un cenicero*	çèniçèro
Champignons	*unas setas, unos champiñones, unos hongos*	sètass, tchampignonèss, onngoss
Charcuterie	*unos embutidos*	èmboutidoss
Chaud	*caliente*	kaliènntè
Chocolat	*el chocolate*	tchokolatè
Citron	*un limón*	limonn
COMPLET	*COMPLETO, LLENO*	komplèto, yèno
Courgette	*un calabacín*	kalabaçinn

	(AmL : un zapallito)	çapayito
Couteau	*un cuchillo*	koutchiyo
Couverts	*los cubiertos*	koubièrtoss
Cuiller à soupe	*una cuchara sopera*	koutchara sopèra
– (petite)	*una cucharilla*	koutchariya
Cuit	*cocido*	koçido
– (bien)	*bien cocido*	biènn koçido
– (peu)	*poco cocido*	poko koçido
– au four	*cocido al horno*	koçido al orno
– à la vapeur	*cocido al vapor*	koçido al vapor
Cure-dents	*mondadientes*	monndadiènntèss
Déjeuner	*el almuerzo*	almouèrço
– (petit)	*el desayuno*	dèssayouno
Dessert	*un postre*	postrè
Diététique	*la dietética*	dièttètika
Eau minérale gazeuse	*agua mineral gaseosa*	agoua minèral gassèossa
– – plate	*– – sin gas*	– – sinn gass
Entrée	*una entrada*	ènntrada
Épices	*los aliños*	alignoss
Faim	*el hambre*	ambrè
Farci	*relleno*	rrèyèno
FERMÉ	*CERRADO*	çèrrado
Foie	*el hígado*	igado
Fourchette	*un tenedor*	tènèdor
Frais	*fresco*	frèsko
Frit	*frito*	frito
Frites	*unas patatas fritas (AmL : unas papas fritas)*	patatass fritass papass fritass
Fromage	*el queso*	kèsso
Fruit	*una fruta*	frouta
Fruits de mer	*los mariscos*	mariskoss
Garçon	*el camarero (AmL : el mozo)*	kamarèro moço
Gibier	*la carne de caza*	karnè dè kaça
Gigot d'agneau	*una pierna de cordero*	pièrna dè kordèro
Glace	*un helado*	èlado
Glaçons	*unos cubitos de hielo*	koubitoss dè yèlo
Goût	*el gusto*	gousto

Grillé	*a la parrilla*	a la parriya
Haricots en grains	*las judías* *(Mex : los frijoles)* *(AmL : los porotos)*	rhoudiass fri'rholèss porotoss
– verts	*las judías verdes* *(Mex : los ejotes)* *(AmL : los porotos verdes)*	rhoudiass vèrdèss è'rhotèss porotoss vèrdèss
Hors-d'œuvre	*los entremeses* *(AmL : la entrada)*	ènntrèmèssèss ènntrada
Huile	*el aceite*	açèitè
– d'olive	*– – de oliva*	– dè oliva
Jus de fruits	*un zumo de fruta* *(AmL : un jugo de fruta)*	çoumo dè frouta rhougo dè frouta
– de viande	*jugo de carne*	rhougo dè karnè
Langoustines	*los langostinos*	lanngostinoss
Lapin	*un conejo*	konè'rho
Légumes	*las verduras*	vèrdourass
Menu	*el menú*	mènou
Moutarde	*la mostaza*	mostaça
Mouton	*el cordero*	kordèro
Nappe	*un mantel*	manntèl
Nouilles	*los tallarines* *(AmL : los fideos)*	tayarinèss fidèoss
Œufs brouillés	*huevos revueltos*	ouèvoss rrèvouèltoss
– à la coque	*– pasados por agua* *(AmL : a la copa)*	– passadoss por agoua – a la kopa
– durs	*– duros*	– douross
– au plat	*– estrellados* *(AmL : – fritos)*	– èstrèyadoss – fritoss
Oignons	*las cebollas*	çèboyass
Omelette	*una tortilla*	tortiya
OUVERT	*ABIERTO*	abièrto
Pâtisserie	*los pasteles*	pastèlèss
Petits pois	*los guisantes* *(AmL : las arvejas)*	guissanntèss arvè'rhass
Pichet	*un jarro*	rharro
Piment	*un pimiento, ají* *(Mex : un chile)*	pimiènnto, a'rhi tchilè
Plat	*un plato*	plato

Plat du jour	*el plato del día*	plato dèl dia
Point (à)	*a punto*	a pounnto
Poisson	*pescado*	pèskado
Poivre	*la pimienta*	pimiènnta
Pomme de terre	*una patata (AmL : una papa)*	patata papa
Porc (viande)	*la carne de cerdo (AmL : – – – chancho)*	karnè dè çèrdo – – tchanntcho
Portion	*una porción*	porçionn
Potage	*una sopa*	sopa
Poulet	*un pollo*	poyo
Riz	*arroz*	arroç
Rôti	*asado*	assado
Saignant	*poco hecho (AmL : jugoso)*	poko ètcho rhougosso
Salade	*una ensalada*	ènnsalada
Sauce	*una salsa*	salsa
Sel	*la sal*	sal
– (sans)	*sin sal*	sinn sal
Serviette	*una servilleta*	sèrviyèta
Sorbet	*un sorbete (AmL : un helado de agua)*	sorbètè èlado dè agoua
Steak	*un bistec (Arg : un bife)*	bistèk bifè
– haché	*– – de carne picada*	– dè karnè pikada
Sucre	*el azúcar*	açoukar
Sucré	*azucarado*	açoukarado
Tarte	*una tarta*	tarta
Tasse	*una taza*	taça
Tendre	*tierno*	tièrno
Thé	*el té*	tè
Tomate	*un tomate (Mex : un jitomate)*	tomatè rhitomatè
Tranche (viande) (pain)	*una tajada, rebanada*	ta'rhada rrèbanada
Veau (viande)	*la carne de ternera*	karnè dè tèrnèra
Verre	*un vaso*	vasso
Viande	*la carne*	karnè

Vin	*el vino*	vino
– blanc	*– – blanco*	– blannko
– rouge	*– – tinto*	– tinnto
– rosé	*– – rosado*	– rrossado
Vinaigre	*el vinagre*	vinagrė
Volailles	*las aves*	avèss

Achats

Les phrases indispensables

Je voudrais **acheter...**

Quisiera comprar...
kissièra komprar...

Pouvez-vous m'**aider** ?

¿Puede usted ayudarme?
¿pouèdè oustèd ayoudarmè?

En **avez-vous** d'autres... moins chers... plus grands... plus petits ?

¿Tiene usted otros... menos caros... más grandes... más pequeños?
¿tiènè oustèd otross... mènoss kaross... mass granndèss... mass pèkègnoss?

Acceptez-vous les **cartes de crédit** ?

¿Acepta usted las tarjetas de crédito?
¿açèpta oustèd lass tar'rhètass dè krèdito?

Où est le **centre commercial...** le marché ?

¿Dónde está el centro comercial... el mercado?
¿donndè èsta èl çènntro komèrçial... èl mèrkado?

Au coin de la rue.

En la esquina.
ènn la èskina.

Première rue à droite.

La primera calle a la derecha.
la primèra kayè a la dèrètcha.

Deuxième à gauche.

La segunda a la izquierda.
la sėgounnda a la içkiėrda.

Tout près d'ici.

Muy cerca de aquí.
moui çėrka dė aki.

C'est loin.

Está lejos.
ėsta lė'rhoss.

Pouvez-vous me donner le **certificat d'origine**... la **facture** ?

¿Puede usted darme el certificado de origen... la factura?
¿pouėdė oustėd darmė ėl çėrtifikado dė ori'rhėnn... la faktoura?

Acceptez-vous les **chèques de voyage** ?

¿Acepta usted los cheques de viaje?
¿açėpta oustėd loss tchėkėss dė via'rhė?

Cela me **convient**.

Asi está bien.
assi ėsta biėnn.

J'aimerais une **couleur** moins... plus foncée... claire.

Preferiría un color menos... más obscuro... claro.
prėfėriria ounn kolor mėnoss... mass obskouro... klaro.

Combien cela **coûte-t-il** ?

¿Cuánto vale esto?
¿kouannto valė ėsto?

Quels sont les **droits de douane** à payer ?

¿Cuánto hay que pagar de derechos de aduana?
¿kouannto aï kė pagar dė dėrėtchoss dė adouana?

Puis-je **échanger... essayer** ?

¿Puedo cambiar... probar?
¿pouėdo kambiar... probar?

À quelle heure **fermez-vous** ?

¿A qué hora cierra usted?
¿a kė **o**ra çiėrra oustėd?

J'**hésite** encore.

Todavía no me decido.
todavia no mė dėçido.

Pouvez-vous **livrer** ce paquet à l'hôtel ?

¿Puede usted mandar este paquete al hotel?
¿pouėdė oustėd manndar ėstė pakėtė al otėl?

Avez-vous de la **monnaie** ?

¿Tiene usted cambio?
¿tiėnė oustėd kambio?

Pouvez-vous me **montrer** autre chose ?

¿Puede usted enseñarme otra cosa?
¿pouėdė oustėd ėnnsėgnarmė **o**tra kossa?

Où dois-je **payer** ?... À la caisse.

¿Dónde tengo que pagar?... En la caja.
¿donndė tėnngo kė pagar?... ėnn la ka'rha.

Celui-ci me **plairait** plus.

Este me gustaría más.
ėstė mė goustaria mass.

Écrivez-moi le **prix**, s'il vous plaît.

Escríbame el precio, por favor.
èskribamè èl prèçio, por favor.

Puis-je **regarder**, s'il vous plaît ?

¿Puedo mirar, por favor?
¿pouèdo mirar, por favor?

Pouvez-vous me **rembourser** ?

¿Puede usted reembolsarme?
¿pouèdè oustèd rrèèmbolsarmè?

Je **repasserai** dans la journée... demain.

Pasaré nuevamente hoy... mañana.
passarè nouèvamènnté oï... magnana.

Ceci fait-il partie des **soldes** ?

¿Esto también está en liquidación?
¿èsto tambiènn èsta ènn likidaçionn?

Cela me **va** bien.

Esto me queda bien.
èsto mè kèda biènn.

Merci, au revoir !

¡Gracias, adiós (hasta luego)!
¡graçiass, adioss (asta louègo)!

Appareils électriques • électronique • micro-informatique

electrodomésticos • electrónica • microinformática
éléktrodoméstikoss • éléktronika • mikroinnformatika

Un **adaptateur** est-il nécessaire ?

¿Hace falta un adaptador?
¿açè falta ounn adaptador?

Cet **appareil** est déréglé.

> **Este aparato está descompuesto.**
> ėstė aparato ėsta dėskompouėsto.

Pouvez-vous me donner le **certificat d'origine...** la **facture** ?

> **¿Puede usted darme el certificado de origen... la factura?**
> ¿pouėdė oustėd darmė ėl çėrtifikado dė ori'rhėnn... la faktoura?

Quels sont les **droits de douane** à payer ?

> **¿Cuánto hay que pagar de derechos de aduana?**
> ¿kouannto aï kė pagar dė dėrėtchoss dė adouana?

Le **fusible** a sauté.

> **Se fundió el fusible.**
> sė founndio ėl foussiblė.

Avez-vous ce type de **pile** ?

> **¿Tiene usted este tipo de pila?**
> ¿tiėnė oustėd ėstė tipo dė pila?

Ma **radio** est en panne.

> **Mi radio no funciona.**
> mi rradio no founnçiona.

Pouvez-vous le (la) **réparer** ?

> **¿Puede usted arreglarlo (la)?**
> ¿pouėdė oustėd arrėglarlo (la)?

Quand pourrai-je le (la) **reprendre** ?

> **¿Cuándo puedo venir a retirarlo (la)?**
> ¿kouanndo pouėdo vėnir a rrėtirarlo (la)?

Vocabulaire		
Accessoires	*los accesorios*	aksèssorioss
Adaptateur	*un adaptador*	adaptador
Alimentation	*la alimentación*	alimènntaçionn
Ampérage	*el amperaje*	ampèra'rhè
Amplificateur	*un amplificador*	amplifikador
Ampoule	*una bombilla* *(AmL : una ampolleta)*	bombiya ampoyèta
Antenne	*la antena*	anntèna
Assistance	*la asistencia*	assistènnçia
Autoradio	*la autorradio*	aoutorradio
Bouilloire	*un hervidor* *(AmL : una tetera)*	èrvidor tètèra
Brancher	*enchufar*	ènntchoufar
Bruit	*el ruido* *(AmL : la bulla)*	rrouido bouya
Câble	*un cable*	kablè
Calculatrice	*una calculadora*	kalkouladora
Cartouche	*un cartucho*	kartoutcho
Clavier	*el teclado*	tèklado
Connexion	*la conexión*	konèkçionn
Courant	*la corriente*	korriènntè
Dévisser	*destornillar*	dèstorniyar
Disques (compacts)	*los discos* *(compactos)*	diskoss kompaktoss
Écouteurs	*los auriculares* *(AmL : los audífonos)*	aourikoularèss aoudifonoss
Écran	*la pantalla*	panntaya
Enceintes	*los altavoces*	altavoçèss
Encre	*la tinta*	tinnta
Étui	*la funda*	founnda
Fil	*un cordón*	kordonn
Fréquence	*la frecuencia*	frèkouènnçia
Fusible	*un fusible*	foussiblè
Garantie	*la garantía*	garanntia
Haut-parleur	*un parlante*	parlanntè
Imprimante	*la impresora*	imprèssora
Internet	*internet*	inntèrnèt
Interrupteur	*un interruptor*	inntèrrouptor
Jet d'encre	*chorro de tinta*	tchorro dè tinnta
Lampe	*una lámpara*	lampara

Laser	*láser*	lassèr
Logiciel	*un programa*	programa
Magnétoscope	*un video*	vidèo
Mémoire	*la memoria*	mèmoria
Multifonctions	*multifunciones*	moultifounnçionèss
Ordinateur	*un ordenador, una computadora*	ordènador, kompoutadora
Ordinateur portable	*un ordenador portátil*	ordènador portatil
Pile	*una pila*	pila
Portatif	*portátil*	portatil
Prise	*un enchufe*	ènntchoufè
– multiple	*– – múltiple*	– moultiplè
Radio	*una radio*	rradio
Rallonge	*un alargador*	alargador
Réseau	*la red*	rèd
Résistance	*la resistencia*	rrèssistènnçia
Réveil	*el despertador*	dèspèrtador
Sans fil	*inalámbrica*	inalambrika
Scanner	*un escàner*	èskanèr
Serveur	*un servidor*	sèrvidor
Souris	*el ratón*	ratonn
Stockage	*el almacenamiento*	almaçènamiennto
Téléchargement	*la descarga*	dèskarga
Tête de lecture	*la cabeza de lectura*	kabèça dè lèktoura
Touche	*una tecla*	tèkla
Transformateur	*un transformador*	trannsformador
Voltage 110	*voltaje de ciento diez*	volta'rhè dè çiènnto dièç
– 220	*– de doscientos veinte*	– dè doçiènntoss vèinntè

Banque

banco
bannko

Où est la **banque**... le distributeur automatique le plus proche ?

¿Dónde está el banco... el cajero automático más cercano?

¿donndė ėsta ėl bannko... ėl ka'rhero automatico mass çėrkano?

Y a-t-il un **bureau de change** près d'ici ?

¿Hay alguna oficina de cambio cerca de aquí?
¿aï algouna ofiçina dė kambio çėrka dė aki?

J'ai une **carte de crédit.**

Tengo una tarjeta de crédito.
tėnngo ouna tar'rhėta dė krėdito.

Je voudrais **changer** des francs suisses... des euros.

Quisiera cambiar francos suizos... Euros.
kissièra kambiar frannkoss souiçoss... ėouross.

Je voudrais encaisser ce **chèque de voyage/signaler la perte** de ma carte/**faire opposition** à un chèque.

Quisiera hacer efectivo este cheque de viaje/notificar la pérdita de mi tarjeta de credito/bloquear un cheque.
kissièra açėr éféktivo ėstė tchėkė dė via'rhė/notifikar la pėrdita dė mi tar'rheta de credito/blokėar ounn tchėkė.

Quel est le **cours du change** ?

¿A cómo está el cambio?
¿a komo ėsta ėl kambio?

Quelles sont les heures d'**ouverture** de la banque ?

¿A qué hora está abierto el banco?
¿a kė ora ėsta abièrto ėl bannko?

Où dois-je **signer** ?

¿Dónde tengo que firmar?
¿donndė tėnngo kė firmar?

J'attends un **virement**. Est-il arrivé ?

Espero una transferencia.
¿Ha llegado ya?
èspèro ouna trannsfèrènnçia.
¿a yègado ya?

Vocabulaire		
Argent	*el dinero (AmL : la plata)*	dinèro plata
Billet	*un billete*	biyètè
CAISSE	*CAJA*	ka'rha
Carnet de chèques	*un talonario de cheques*	talonario dè tchèkèss
Carte de crédit	*una tarjeta de crédito*	tar'rhèta dè krèdito
CHANGE	*CAMBIO*	kambio
Changer	*cambiar*	kambiar
Chèque	*un cheque*	tchèkè
– de voyage	*– – de viaje*	– dè via'rhè
Commission	*la comisión*	komissionn
	el porcentaje	porçènnta'rhè
Compte	*la cuenta*	kouènnta
Cours	*el (tipo de) cambio*	tipo dè kambio
Devises	*las divisas*	divissass
Distributeur de billets	*el cajero automático*	ka'rhero aoutomatiko
Encaisser	*hacer efectivo (AmL : cobrar)*	açèr èfèktivo kobrar
Espèces	*en efectivo*	èfèktivo
Formulaire	*un formulario*	formoulario
Guichet	*la ventanilla*	vènntaniya
Montant	*el monto*	monnto
Paiement	*el pago*	pago
Payer	*pagar (AmL : cancelar)*	pagar kannçèlar
Pièces de monnaie	*monedas*	monèdass
Reçu	*un recibo*	rrèçibo
Retirer	*sacar*	sakar
Signature	*la firma*	firma
Versement	*un depósito*	dèpossito
Virement	*una transferencia (AmL : un giro)*	trannsfèrènnçia rhiro

Bijouterie / horlogerie

joyería • relojería
rhoyéria • rrélo'rhéria

Je voudrais voir le **bracelet** qui est en vitrine.

Quisiera ver el brazalete (la pulsera) que está en vitrina.
kissièra vèr èl braçalètè (la poulsèra) kè èsta ènn vitrina.

Pouvez-vous me donner le **certificat d'origine** ?

¿Puede usted darme el certificado de origen?
¿pouèdè oustèd darmè èl çèrtifikado dè ori'rhènn?

Avez-vous un **choix** de bagues ?

¿Tiene usted un surtido de sortijas?
¿tiènè oustèd ounn sourtido dè sorti'rhass?

Quels sont les **droits de douane** à payer ?

¿Cuánto hay que pagar de derechos de aduana?
¿kouannto aï kè pagar dè dèrètchoss dè adouana?

Auriez-vous un **modèle** plus simple ?

¿Tendría usted un modelo más sencillo?
¿tènndria oustèd ounn modèlo mass sènnçiyo?

Ma **montre** ne marche pas.

Mi reloj no funciona.
mi rrèlo'rh no founnçiona.

Pouvez-vous **remplacer** le verre ?

¿Puede usted cambiar el cristal?
¿pouèdè oustèd kambiar èl kristal?

Vocabulaire		
Acier inoxydable	*acero inoxidable*	açèro inoksidablė
Aiguille	*la aguja*	agou'rha
Ambre	*el ámbar*	ambar
Argent massif	*plata maciza*	plata maçiça
Bague	*una sortija, argolla (AmL : un anillo)*	sorti'rha, argoya aniyo
Boucle	*una hebilla*	ėbiya
Boucles d'oreilles	*unos pendientes (Mex : unos aretes) (AmL : unos aros)*	pėnndiėnntėss arėtėss aross
Boutons de manchettes	*unos gemelos (AmL : unas colleras)*	rhėmėloss koyėrass
Bracelet-montre	*un reloj de pulsera*	rrėlo'rh dė poulsėra
Briquet	*un mechero,*	mėtchėro,
	encendedor	ėnnçėnndėdor
Broche	*un broche*	brotchė
Cadeau	*un regalo*	rrėgalo
Carat	*carate*	karatė
Chaîne	*una cadena*	kadėna
Chaînette	*una cadenita*	kadėnita
Chronomètre	*un cronómetro*	kronomėtro
Collier	*un collar*	koyar
Couverts	*unos cubiertos*	koubiėrtoss
Épingle de cravate	*un alfiler de corbata*	alfilėr dė korbata
Étanche	*impermeable*	impėrmėablė
Ivoire	*el marfil*	marfil
Médaille	*una medalla*	mėdaya
Montre automatique	*un reloj automático*	rrėlo'rh aoutomatiko
Or massif	*oro macizo*	oro maçiço
Pendentif	*un dije, pendentif*	di'rhė, pėnndėnntif
Pierres (semi-) précieuses	*unas piedras (semi-) preciosas*	piėdrass (sėmi-) prėçiossass
Pile	*una pila*	pila
Plaqué argent	*enchapado en plata*	ėnntchapado ėnn plata
– or	*– en oro*	– ėnn oro
Ressort	*el resorte*	rrėssortė
Réveil de voyage	*un despertador de viaje*	dėspėrtador dė via'rhė
Verre (de montre)	*el cristal*	kristal

Boucherie • charcuterie

carnicería • charcutería
karniçéria • tcharkoutéria

Moins cher... **moins** gros... **moins** gras.

Menos caro... menos grande... menos graso.
mėnoss karo... mėnoss granndė... mėnoss grasso.

Auriez-vous un autre **morceau** ?

¿Tendría usted otro trozo?
¿tėnndria oustėd otro troço?

Plus gros... **plus** petit.

Más grande... más pequeño.
mass granndė... mass pėkėgno.

Vocabulaire		
Agneau (côte d')	*una chuleta de cordero*	tchoulėta dė kordėro
Bœuf (côte de)	*una chuleta de buey (AmL : – de vaca)*	tchoulėta dė bouėi – dė vaka
– (rôti de)	*un asado*	assado
– (steak)	*un bistec (Arg : un bife)*	bistėk bifė
– (steak haché)	*un picadillo (AmL : carne molida)*	pikadiyo karnė molida
Boudin	*la morcilla (AmL : la prieta)*	morçiya priėta
Entrecôte	*el lomo*	lomo
Faux filet	*el solomillo*	solomiyo
Filet	*el filete*	filėtė
Foie	*el hígado*	igado
Gras	*la grasa, el gordo (AmL : la gordura)*	grassa, gordo gordoura
Jambon	*el jamón*	rhamonn
Lard	*el tocino*	toçino
Maigre	*magro, sin grasa*	magro, sinn grassa
Morceau	*un trozo*	troço

Mouton (épaule de)	*un codillo de cordero*	kodiyo dė kordėro
– (gigot de)	*una pierna de cordero*	piėrna dė kordėro
Porc (côte de)	*una chuleta de cerdo*	tchoulėta dė çėrdo
Salé	*carne de cerdo salada*	karnė dė çėrdo salada
Saucisse	*una salchicha*	saltchitcha
Saucisson	*un salchichón*	saltchitchonn
Tendre	*tierno*	tiėrno
Tranche (jambon)	*una loncha*	lonntcha
Veau (escalope de)	*una escalopa de ternera*	ėskalopa dė tėrnėra
Volailles	*las aves*	avėss
canard	*el pato*	pato
dinde	*el pavo (Mex : el guajolote)*	pavo goua'rholotė
lapin	*el conejo*	konė'rho
pintade	*la pintada (AmL : la gallineta)*	pinntada gayinėta
poulet	*el pollo*	poyo

Boulangerie • pâtisserie

panadería • pastelería
panadėrla • pastėlėrla

Vocabulaire		
Bien cuit	*bien cocido*	biėnn koçido
Biscotte	*pan tostado, biscotte*	pann tostado, biskot
Brioche	*un bollo*	boyo
Chausson	*una empanadilla*	ėmpanadiya
Croissant	*un croissán*	krouassann
Farine	*la harina*	arina
Gâteau	*un pastel*	pastėl
Levure	*la levadura*	lėvadoura
Pain	*el pan*	pann
Pâte	*la masa*	massa
Peu cuit	*no muy cocido*	no moui koçido
Tarte	*una tarta*	tarta

Chaussures • cordonnier

zapatos • zapatero
çapatoss • çapatéro

Où puis-je trouver un **cordonnier** ?

¿Dónde puedo encontrar a un zapatero?
¿donndė pouėdo ėnnkonntrar a ounn çapatėro?

Puis-je **essayer** ?

¿Puedo probarme?
¿pouėdo probarmė?

Ces chaussures sont **étroites**. Pouvez-vous les mettre sur la forme ?

Estos zapatos me quedan estrechos. ¿Puede ponerlos en la horma?
ėstoss çapatoss mė kėdann ėstrėtchoss. ¿pouėdė ponėrloss ėnn la orma?

Avez-vous un **modèle** du même genre ?

¿Tiene usted algún modelo del mismo tipo?
¿tiėnė oustėd algounn modėlo dėl mismo tipo?

Quand seront-elles **prêtes** ?

¿Cuándo estarán listos?
¿kouanndo ėstarann listoss?

Faites-vous des **réparations** rapides ?

¿Hace usted arreglos rápidos?
¿açė oustėd arrėgloss rrapidoss?

Vocabulaire		
Beige	*beige*	bèige
Blanc	*blanco*	blannko
Botte	*una bota*	bota
Brun	*marrón* *(AmL : café)*	marronn kafè
Caoutchouc	*goma*	goma
Chausse-pied	*un calzador*	kalçador
Chaussures de marche	*zapatos para andar*	çapatoss para anndar
– montantes	*botinas*	botinass
Cirage	*el betún, la cera*	bètounn, çèra
Clouer	*clavar*	klavar
Coller	*pegar*	pègar
Cordonnier	*el zapatero*	çapatèro
Court	*corto*	korto
Cuir véritable	*cuero*	kouèro
Daim	*ante*	anntè
Embauchoir	*la horma*	orma
Étroit	*estrecho*	èstrètcho
Grand	*grande*	granndè
Lacet	*un cordón*	kordonn
Large	*ancho*	anntcho
Noir	*negro*	nègro
Paire	*un par*	par
Petit	*pequeño*	pèkègno
Pointure	*el número*	noumèro
Recoudre	*coser*	kossèr
Ressemelage	*cambio de suela*	kambio dè souèla
Rouge	*rojo*	rro'rho
Sandales	*unas sandalias*	sanndaliass
Semelle	*una suela*	souèla
Talon	*un tacón* *(AmL : una tapilla)*	takonn tapiya
Tissu, toile	*tela, lona*	tèla, lona
Vernis	*un barniz*	barniç
Vert	*verde*	vèrdè

Coiffeur

peluquero
peloukéro

Pour dames • Pour hommes
para señoras (para ségnorass) • para caballeros (para kabayéross)

Pouvez-vous m'indiquer un salon de coiffure ?

¿Puede usted indicarme una peluquería?
¿pouédé oustéd inndikarmé ouna péloukéria?

Faites-moi des **boucles**... des ondulations.

Hágame rizos... ondulaciones.
agamé rriçoss... onndoulaçionéss.

Je voudrais une **coloration** en brun... châtain... noir... roux... une décoloration.

Quisiera un tinte moreno... castaño... negro... pelirrojo... una decoloración.
kissiéra ounn tinnté moréno... kastagno... négro... pélirro'rho... ouna dékoloraçionn.

Combien vous dois-je ?

¿Cuánto le debo?
¿kouannto lé débo?

Ne **coupez** pas trop **court**.

No corte demasiado corto.
no korté démassiado korto.

L'eau est trop chaude... trop froide.

El agua está demasiado caliente... demasiado fría.
él agoua ésta démassiado kaliénnté... démassiado fria.

Avez-vous une **manucure** ?

¿Tiene usted una manicura?
¿tiéné oustéd **ou**na mani**kou**ra?

Je **ne veux pas** de gel... ni de laque.

No quiero gel... ni laca.
no kiéro rhél... ni laka.

Quel est le **prix** d'une coupe... d'une mise en plis... d'une permanente ?

¿Cuánto vale un corte... un marcado (peinado)... una permanente?
¿kouannto valé ounn korté... ounn markado (péinado)... **ou**na pérmanénnté?

Je voudrais me faire **raser**.

Quisiera que me afeitaran.
kissiéra ké mé aféitarann.

Je voudrais un **rendez-vous**.

Quisiera pedir hora.
kissiéra pédir **o**ra.

Faites-moi un **shampooing**... un brushing.

Hágame un lavado... un brushing.
agamé ounn lavado... ounn brashing.

Vocabulaire		
Blond	*rubio* (*Mex : güero*)	rroubio gouéro
Boucles	*rizos*	rriçoss
Brun	*pardo, moreno*	pardo, moréno
Brushing	*brushing*	brashing
Casque	*el secador*	sékador
Châtain	*castaño*	kastagno
Cheveux	*el pelo*	pélo
– gras	*– – graso* (*AmL : – – grasoso*)	– grasso – grassosso

– raides	*– – liso*	– lisso
– secs	*– – seco*	– sèko
Chignon	*un moño*	mogno
Ciseaux	*las tijeras*	ti'rhèrass
Clair	*claro*	klaro
Coupe	*un corte*	korté
Derrière	*atrás*	atrass
Devant	*adelante*	adèlannté
Foncé	*obscuro*	obskouro
Frange	*el flequillo* *(AmL : la chasquilla)*	flèkiyo tchaskiya
Friction	*una fricción*	frikçionn
Front	*la frente*	frènnté
Laque	*la laca, el fijador*	laka, fi'rhador
Long	*largo*	largo
Manucure	*la manicura*	manikoura
Mèche	*una mecha*	mètcha
Mise en plis	*un marcado* *(AmL : un peinado)*	markado pèinado
Nacré	*nacarado*	nakarado
Nuance	*un matiz, tinte*	matiç, tinnté
Nuque	*la nuca*	nouka
Ondulations	*ondulaciones*	onndoulaçionèss
Oreilles	*las orejas*	orè'rhass
Pédicure	*el pedicuro*	pédikouro
Peigne	*un peine* *(AmL : una peineta)*	pèiné pèinèta
Permanente	*una permanente*	pèrmanènnté
Perruque	*una peluca*	pèlouka
Poil	*un pelo, vello*	pélo, vèyo
Raie	*la raya*	rraya
Raser	*afeitar*	afèitar
Rasoir	*una máquina de afeitar*	makina dé afèitar
Retouche	*un retoque*	rrétoké
Savon	*el jabón*	rhabonn
Séchoir	*el secador de pelo*	sèkador dé pélo
Shampooing	*el champú*	tchampou
Teinture	*una tintura*	tinntoura

Crémerie

lechería
létchéria

Vocabulaire		
Beurre doux	*la mantequilla (Arg : la manteca)*	manntėkiya manntėka
– salé	*– – salada*	– salada
Bouteille	*una botella*	botėya
Crème	*la crema*	krėma
Frais	*fresco*	frėsko
Fromage blanc	*el queso fresco*	ėl kėsso frėsko
– français	*– – francés*	– frannçėss
– local	*– – local*	– lokal
– râpé	*– – rallado*	– rayado
Lait écrémé	*la leche descremada*	lėtchė dėskrėmada
– entier	*– – entera*	– ėnntėra
– pasteurisé	*– – pasteurizada*	– pastéouriçada
Litre de...	*un litro de...*	litro dė...
Œufs	*unos huevos*	ouėvoss
– (douzaine d')	*una docena de...*	doçėna dė...
Yoghourt	*un yogur*	yogour

Épicerie • boissons

tienda de comestibles • bebidas
tiénnda dé koméstibléss • bébidass

Vocabulaire		
Apéritif	*un aperitivo*	apėritivo
Biscotte	*pan tostado, biscotte*	pann tostado, biskot
Biscuit	*una galleta*	gayėta
Boîte de carottes	*una lata de zanahorias*	lata dė çanaoriass
– de haricots en grains	*– – de judías (Mex : – – de frijoles) (AmL : – – de porotos)*	– dė rhoudiass – dė fri'rholėss – dė porotoss

– de haricots verts	*– – de judías verdes*	– dė rhoudiass vėrdėss
– de lentilles	*– – de lentejas*	– dė lėnntė'rhass
– de petits pois	*– – de guisantes (AmL : – – de arvejas)*	– dė guissanntėss – dė arvė'rhass
Bouchon	*un corcho, tapón*	kortcho, taponn
Bouteille	*una botella*	botėya
Café	*café*	kafė
Carton	*una caja de cartón*	ka'rha dė kartonn
Chocolat en poudre	*chocolate en polvo*	tchokolatė ėnn polvo
– en tablette	*una tableta de chocolate*	tablėta dė…
Confiture	*mermelada*	mėrmėlada
Eau minérale gazeuse	*agua mineral gaseosa*	agoua minėral gassėossa
– – plate	*– – sin gas*	– – sinn gass
Eau-de-vie	*el aguardiente (Pér : el pisco)*	aguardiėnntė pisko
Épices	*las especias, los aliños*	ėspėçiass, alignoss
Huile	*el aceite*	açėitė
Jus de fruits	*un zumo de fruta (AmL : un jugo de fruta)*	çoumo dė frouta rhougo dė frouta
Lait	*la leche*	lėtchė
– en poudre	*– – en polvo*	– ėnn polvo
Limonade	*la limonada*	limonada
Miel	*la miel*	miėl
Moutarde	*la mostaza*	mostaça
Panier	*una cesta (AmL : un canasto)*	çėsta kanasto
Pâtes	*los tallarines (AmL : los fideos)*	tayarinėss fidėoss
Poivre	*la pimienta*	pimiėnnta
Potage	*una sopa*	sopa
Riz	*el arroz*	arroç
Sac	*una bolsa*	bolsa
Sachet	*un sobre*	sobrė
Sel	*la sal*	sal
Sucre en morceaux	*el azúcar (en terrones)*	açoukar ėnn tėrronėss

– en poudre	*– – en polvo*	– ènn polvo
Thé	*el té*	tè
– noir	*– – negro*	– nègro
– vert	*– – verde*	– vèrdè
Vin	*el vino*	vino
– blanc	*– – blanco*	– blannko
– rouge	*– – tinto*	– tinnto
Vinaigre	*el vinagre*	vinagrè

Fleuriste

florista
florista

Où puis-je trouver un fleuriste ?

¿Dónde puedo encontrar a un florista?
¿donndè pouèdo ènnkonntrar a ounn florista?

Faites-moi un **bouquet** de fleurs de saison.

Hágame un ramo de flores de estación.
agamè ounn rramo dè florèss dè èstaçionn.

Pouvez-vous les **envoyer** à l'adresse suivante ?

¿Puede usted enviarlas a esta dirección?
¿pouèdè oustèd ènnviarlass a èsta dirèkçionn?

Avez-vous des **fleurs** meilleur marché ?

¿Tiene usted flores más baratas?
¿tiènè oustèd florèss mass baratass?

Moins chères... **moins** grandes.

Menos caras... menos grandes.
mènoss karass... mènoss granndèss.

Raccourcissez les tiges, s'il vous plaît.

Corte un poco los tallos, por favor.
korté ounn poko loss tayoss, por favor.

Vocabulaire		
Bouquet	*un ramo, ramillete*	rramo, rramiyété
Corbeille (de fleurs)	*un canastillo*	kanastiyo
Douzaine	*una docena*	doçéna
Demi-douzaine	*media docena*	média doçéna
Feuillage	*el follaje*	foya'rhé
Feuille	*una hoja*	o'rha
Fleurs	*las flores*	florèss
Gerbe	*un ramo*	rramo
Mélange	*un surtido*	sourtido
Plante verte	*una planta*	plannta
Quelques fleurs	*algunas flores*	algounass florèss
Tige	*el tallo*	tayo
Vase	*un florero*	floréro

Fruits et légumes

frutas y verduras
froutass i vérdourass

Moins cher... **moins** mûrs.

Menos caro... menos maduros.
ménoss karo... ménoss madouross.

Plus grand... **plus** petit.

Más grande... más pequeño.
más granndé... mass pékégno.

Vocabulaire

Abricot	*un albaricoque (AmL : un damasco)*	albarikokė damasko
Ail	*el ajo*	a'rho
Ananas	*una piña, un ananás*	pigna, ananass
Artichaut	*una alcachofa*	alkatchofa
Asperge	*un espárrago*	ėsparrago
Aubergine	*una berenjena*	bėrėnn'rhėna
Avocat	*un aguacate (AmL : una palta)*	agouakatė palta
Banane	*un plátano*	platano
Betterave	*una remolacha*	rrėmolatcha
Brocoli	*un brocoli*	brokoli
Carotte	*una zanahoria*	çanaoria
Cerise	*una cereza (AmL : una guinda)*	çėrėça guinnda
Champignon	*una seta, un champiñon*	sėta, tchampignonn
Chicorée	*una achicoria*	atchikoria
Chou	*una col*	kol
Chou-fleur	*una coliflor*	koliflor
Citron	*un limón*	limonn
Concombre	*un pepino*	pėpino
Courgette	*un calabacín*	kalabaçinn
Endive	*una endibia*	ėnndibia
Épinards	*las espinacas*	ėspinakass
Figue	*un higo*	igo
Fines herbes	*las finas hierbas*	finass yėrbass
Frais	*natural, fresco*	natoural, frėsko
Fraise	*una fresa (AmL : una frutilla)*	frėssa froutiya
Framboise	*una frambuesa*	framhouėssa
Groseille	*una grosella*	grossėya
Haricots en grains	*las judías (Mex : los frijoles) (AmL : los porotos)*	rhoudiass fri'rholėss porotoss
– verts	*las judías verdes (Mex : los ejotes) (AmL : los porotos verdes)*	rhoudiass vėrdėss ė'rhotėss porotoss vėrdėss
Laitue	*una lechuga*	lėtchouga
Lentilles	*las lentejas*	lėnntė'rhass

Mandarine	*una mandarina*	manndarina
Melon	*un melón*	mėlonn
Mirabelle	*una ciruela mirabel*	çirouėla mirabėl
Mûr	*maduro*	madouro
Mûre	*una mora*	mora
Myrtille	*un mirtillo*	mirtiyo
Navet	*un nabo*	nabo
Noix	*una nuez*	nouėç
Oignon	*una cebolla*	çėboya
Orange	*una naranja*	narann'rha
Pamplemousse	*un pomelo* *(Mex : una toronja)*	pomėlo toronn'rha
Pêche	*un melocotón* *(AmL : un durazno)*	mėlokotonn douraçno
Persil	*el perejil*	pėrė'rhil
Petits pois	*los guisantes* *(AmL : las arvejas)*	guissanntėss arvė'rhass
Pois chiches	*los garbanzos*	garbannçoss
Poireau	*un puerro*	pouėrro
Poivron	*un pimiento morrón*	pimiėnnto morronn
Pomme	*una manzana*	mannçana
Pomme de terre	*una patata* *(AmL : una papa)*	patata papa
Prune	*una ciruela*	çirouėla
Radis	*un rábano*	rrabano
Raisin	*la uva*	ouva
Tomate	*un tomate* *(Mex : un jitomate)*	tomatė rhitomatė

Habillement

ropa
rropa

Où peut-on trouver un magasin de prêt-à-porter ?

¿Dónde se puede encontrar una tienda de confecciones?
¿donndė sė pouėdė ėnnkonntrar ouna tiėnnda dė konnfėkçionėss?

Je voudrais un **costume** coupé suivant ce modèle... dans ce tissu.

Quisiera un traje cortado según este modelo... en esta tela.
kissièra ounn tra'rhė kortado sėgounn ėstė modėlo... ėnn ėsta tėla.

Auriez-vous le même modèle dans une autre **couleur** ?

¿Tendría usted el mismo modelo en otro color?
¿tėnndria oustėd ėl mismo modėlo ėnn otro kolor?

Puis-je **essayer... échanger** ?

¿Puedo probarme... cambiar?
¿pouėdo probarmė... kambiar?

Cette chemise est **étroite.**

Esta camisa me queda estrecha.
ėsta kamissa mė kėda ėstrėtcha.

Prenez mes **mesures**, s'il vous plaît.

Tome mis medidas, por favor.
tomė miss mėdidass, por favor.

Pouvez-vous me **montrer** autre chose ?

¿Puede usted enseñarme otra cosa?
¿pouėdė oustėd ėnnsėgnarmė otra kossa?

Quel type de **nettoyage** conseillez-vous ?

¿Qué tipo de limpieza me recomienda usted?
¿kė tipo dė limpièça mė rrėkomiėnnda oustėd?

Plus grand... **plus** petit.

Más grande... más pequeño.
mass granndė... mass pėkėgno.

Il faudrait **raccourcir** les manches.

Habría que acortar las mangas.
abria kė akortar lass manngass.

Ce pantalon ne **tombe** pas bien.

Este pantalón no cae bien.
ėstė panntalonn no kaė biėnn.

Vocabulaire		
Anorak	*un anorak* *(AmL : una parca)*	anorak parka
Bas	*una media*	mėdia
Beige	*beige*	bėige
Blanc	*blanco*	blannko
Bleu ciel	*azul celeste*	açoul çėlėstė
– marine	*– marino*	– marino
Blouson	*una cazadora* *(Mex : un saco sport)* *(AmL : una chaqueta sport)*	kaçadora sako ėspor tchakėta ėspor
Bonnet	*un gorro*	gorro
Bouton	*un botón*	botonn
Bretelles	*los tirantes* *(AmL : los suspensores)*	tiranntėss souspėnnsorėss
Caleçons	*los calzoncillos*	kalçonnçiyoss
Casquette	*una gorra*	gorra
Ceinture	*un cinturón*	çinntouronn
Centimètre	*un centímetro*	çėnntimėtro
Chapeau	*un sombrero*	sombrėro
Chaussette	*un calcetín*	kalçėtinn
Chemise	*una camisa*	kamissa
Chemisier	*un camisero*	kamissėro
Clair	*claro*	klaro
Col	*el cuello*	kouėyo
Collant	*un leotardo* *(AmL : los pantis)*	lėotardo panntiss
Complet	*un traje*	tra'rhė
Coton	*el algodón*	algodonn
Couleur	*el color*	kolor
Couper	*cortar*	kortar

Court	*corto*	korto
Cravate	*una corbata*	korbata
Cuir	*cuero*	kouèro
– (manteau de)	*un abrigo de cuero*	abrigo dė kouèro
Culottes	*unas bragas* *(Mex : unas pantaletas)* *(AmL : unos calzones)*	bragass panntalètass kalçonėss
Doublure	*el forro*	forro
Écharpe	*una bufanda*	boufannda
Emmanchure	*la sisa*	sissa
Épingle	*un alfiler*	alfilèr
Épingle de sûreté	*un imperdible* *(AmL : un alfiler de gancho)*	impèrdiblė alfilèr dė ganntcho
Essayer	*probar*	probar
Étroit	*estrecho*	ėstrètcho
Fabrication locale	*fabricación local*	fabrikaçionn lokal
Facile à entretenir	*fácil de limpiar*	façil dė limpiar
Fait à la main	*hecho a mano*	ètcho a mano
Fermeture à glissière	*una cremallera* *(AmL : un cierre éclair)*	krėmayèra çièrrė éclèr
Feutre	*un sombrero de fieltro*	sombrèro dė fièltro
Fil à coudre	*el hilo de coser*	ilo dė kossèr
Foncé	*obscuro*	obskouro
Foulard	*una pañoleta* *(Mex : una mascada)* *(AmL : un pañuelo de cuello)*	pagnolèta maskada pagnouèlo dė kouèyo
Gants	*unos guantes*	gouanntėss
Gant de toilette	*un guante*	gouanntė
Garanti	*garantizado*	garannti̧çado
Grand	*grande*	granndė
Grand teint	*colores sólidos*	kolorėss solidoss
Gris	*gris*	griss
Habit	*una prenda de vestir*	prènnda dė vèstir
Imperméable	*un impermeable*	impèrmėablė
Infroissable	*inarrugable*	inarrougablė
Jaune	*amarillo*	amariyo

Jupe	*una falda*	falda
Laine	*la lana*	lana
Lavable à la machine	*lavable a máquina*	lavablė a makina
Lavage à la main	*el lavado a mano*	lavado a mano
Léger	*ligero* *(AmL : liviano)*	li'rhėro liviano
Lingerie	*la ropa interior*	rropa inntėrior
Long	*largo*	largo
Lourd	*pesado*	pėssado
Maillot de bain	*un traje de baño*	tra'rhė dė bagno
– de corps	*una camiseta*	kamissėta
Manche	*una manga*	mannga
Manteau	*un abrigo*	abrigo
Marron	*marrón* *(AmL : café)*	marronn kafė
Mesure	*una medida*	mėdida
Mètre	*un metro*	mėtro
Mode (à la)	*a la moda*	a la moda
Mouchoir	*un pañuelo*	pagnouėlo
Nettoyer	*limpiar*	limpiar
Noir	*negro*	nėgro
Pantalon	*un pantalón*	panntalonn
Parapluie	*un paraguas*	paragouass
Poche	*un bolsillo*	bolsiyo
Prêt-à-porter	*la ropa de confección*	rropa dė konnfėkçionn
Pull-over	*un jersey* *(AmL : un suéter, pulover)*	rhėrsėï souėtėr, poulovėr
Pyjama	*un pijama*	pi'rhama
Qualité	*la calidad*	kalidad
Rayé	*rayado*	rrayado
Repassage	*el planchado*	planntchado
Rétrécir	*estrechar*	ėstrėtchar
Rose	*rosa*	rrossa
Rouge	*rojo*	rro'rho
Serviette de toilette	*una toalla*	toaya
Short	*un short*	short
Slip	*un slip*	slip
Soie	*la seda*	sėda

Sous-vêtements	*la ropa interior*	rropa inntèrior
Soutien-gorge	*un sostén* *(Mex : un brassiere)*	sostènn brassièr
Survêtement	*un chandal* *(AmL : un buzo)*	tchanndàl bouço
Taille	*la talla*	taya
Tailleur	*un traje sastre*	trarhè sastrè
Tee-shirt	*una camiseta*	kamissèta
Teinte	*el tono*	tono
Tissu à carreaux	*una tela de cuadros*	tèla dè kouadross
– imprimé	*– – estampada*	– èstampada
– à pois	*– – de lunares*	– dè lounarèss
– à rayures	*– – rayada*	– rayada
– uni	*– – lisa*	– lissa
Toile	*una tela*	tèla
Velours	*el terciopelo*	tèrçiopèlo
Veste	*una chaqueta* *(Mex : un saco)*	tchakèta sako
Vêtements	*la ropa*	rropa
Vert	*verde*	vèrdè

Opticien

óptico
optiko

S'il vous plaît, pouvez-vous m'indiquer un opticien ?

¿Por favor, podría usted indicarme un óptico?
¿por favor, podria oustèd inndikarmè ounn optiko?

Pouvez-vous remplacer ces verres... les **branches** ?

¿Puede usted cambiar estos cristales... las patillas?
¿pouèdè oustèd kambiar èstoss kristalèss... lass patiyass?

Je n'ai pas la **formule.**

No tengo la fórmula.
no tènngo la formoula.

J'ai perdu mes **lentilles** de contact.

He perdido mis lentes de contacto.
è pèrdido miss lènntèss dè konntakto.

J'ai cassé mes **lunettes**. Pouvez-vous les remplacer... avec ou sans ordonnance ?

Se me han roto las gafas. ¿Puede usted hacerme otras... con o sin receta?
sè mè ann rroto lass gafass. ¿pouèdè oustèd açèrmè otrass... konn o sinn rrèçèta?

Je voudrais des **lunettes de soleil**... antireflets.

Quisiera gafas de sol... anti-reflejos.
kissièra gafass dè sol... annti-rrèflè'rhoss.

Quand pourrai-je les **reprendre** ?

¿Cuándo puedo venir a buscarlas?
¿kouanndo pouèdo vènir a bouskarlass?

Je porte des **verres** teintés.

Uso cristales ahumados.
ousso kristalèss aoumadoss.

Vocabulaire		
Astigmate	*astigmático*	astigmatiko
Branche	*una patilla*	patiya
Étui	*un estuche* *(AmL : una funda)*	èstoutchè founnda
Hypermétrope	*hipermétrope*	ipèrmètropè
Jumelles	*unos prismáticos*	prismatikoss
Liquide pour lentilles de contact	*un líquido para los lentes de contacto*	likido para lènntèss dè konntakto
Longue-vue	*larga vista*	larga vista

Loupe	*una lupa*	loupa
Lunettes	*las gafas (AmL : los anteojos)*	gafass anntèo'rhoss
– de soleil	*– – de sol*	– dè sol
Myope	*miope*	miopè
Presbyte	*présbite*	prèsbitè
Verre(s)	*el (los) cristal(es)*	kristal(èss)
– de contact	*los lentes de contacto*	lènntèss dè konntakto
– teintés	*unos cristales ahumados*	kristalèss aoumadoss
Vis	*un tornillo*	torniyo

Papeterie / librairie

papelería • librería
papéléria • libréria

Y a-t-il un magasin d'articles de papeterie ?
¿Hay alguna tienda de artículos de papelería?
¿aï algouna tiènnda dè artikouloss dè papéléria?

Vendez-vous des livres en **français** ?
¿Vende usted libros en francés?
¿vènndè oustèd libross ènn frannçèss?

Je voudrais un **guide touristique** de la région.
Quisiera una guía turística de la región.
kissièra ouna guia touristika dè la rrè'rhionn.

Existe-t-il une **histoire de la région** en français ?
¿Existe alguna historia de la región en francés?
¿èksistè algouna istoria dè la rrè'rhionn ènn frannçèss?

Recevez-vous les **journaux** français ?

¿Recibe usted los periódicos franceses?
¿rréçibė oustėd loss pėriodikoss frannçėssėss?

Faites-vous des **photocopies** ?

¿Hace usted fotocopias?
¿açė oustėd fotokopiass?

Vocabulaire		
Agenda	*una agenda*	a'rhėnnda
Bloc-notes	*un bloc de apuntes*	blok dė apounntėss
Boîte de peinture	*una caja de pintura*	ka'rha dė pinntoura
Bouteille d'encre	*una botella, un frasco de tinta*	botėya, frasko dė tinnta
Brochure	*un folleto*	foyėto
Cahier	*un cuaderno*	kouadėrno
Calculatrice	*una calculadora*	kalkouladora
Calendrier	*un calendario*	kalėnndario
Carnet	*una libreta*	librėta
– d'adresses	*– de direcciones*	– dė dirėkçionėss
Carte géographique	*un mapa geográfico*	mapa rhėografiko
– routière	*– – de carreteras*	– dė karrėtėrass
– touristique	*– – turístico*	– touristiko
Cartes à jouer	*unos naipes, unas cartas*	naïpėss, kartass
– postales	*unas tarjetas postales*	tar'rhėtass postalėss
– de vœux	*– – de Navidad*	– dė navidad
Cartouche	*una carga, un repuesto*	karga, rrėpouėsto
Ciseaux	*unas tijeras*	ti'rhėrass
Colle	*un pegamento*	pėgamėnnto
Crayon noir	*un lápiz negro*	lapiç nėgro
– de couleur	*– – de color*	– dė kolor
Dictionnaire de poche	*un diccionario de bolsillo*	dikçionario dė bolsiyo
Édition	*una edición*	ėdiçionn
Élastiques	*unos elásticos*	ėlastikoss

Encre	*la tinta*	tinnta
Enveloppe	*un sobre*	sobrė
Étiquettes	*unas etiquetas*	ėtikėtass
– adhésives	*– – adhesivas*	– adėssivass
Exemplaire	*un ejemplar*	ė'rhėmplar
Feuille	*una hoja*	o'rha
Ficelle	*una cuerda*	kouėrda
Format	*el formato*	formato
Gomme	*una goma*	goma
Grammaire	*una gramática*	gramatika
Guide touristique	*una guía turística*	guia touristika
– en français	*– – en francés*	– ėnn frannçėss
Hebdomadaire	*un semanario*	sėmanario
Journal	*un periódico*	pėriodiko
– local	*– – local* (AmL : *un diario local*)	– lokal diario lokal
Livre d'art	*un libro de arte*	libro dė artė
– de poche	*– – de bolsillo*	– dė bolsiyo
– pour enfants	*– – para niños*	– para nignoss
Magazine	*una revista*	rrėvista
Papier	*papel*	papėl
– cadeau	*– de regalo*	– dė rrėgalo
– collant	*– adhesivo*	– adėssivo
– d'emballage	*– de envolver*	– ėnnvolvėr
– à lettres	*– de carta*	– dė karta
– machine	*– de máquina*	– dė makina
Pile	*una pila*	pila
Pinceau	*un pincel*	pinnçėl
Plan de la ville	*un plano de la ciudad*	plano dė la çioudad
Plume	*una pluma*	plouma
Recharge	*un recambio, repuesto*	rrėkambio, rrėpouėsto
Règle	*una regla*	rrėgla
Roman	*una novela*	novėla
Stylo bille	*un bolígrafo*	boligrafo
– feutre	*un rotulador*	rrotoulador
– plume	*una estilográfica*	ėstilografika
Taille-crayon	*un sacapuntas*	sakapounntass

Parfumerie / hygiène

perfumería • higiene
pérfouméria • i'rhéné

Y a-t-il une parfumerie dans le quartier, s'il vous plaît ?

¿Hay alguna perfumería en el barrio, por favor?
¿aï algouna pérfouméria énn él barrio, por favor?

Je cherche une **brosse** plus souple.

Quisiera un cepillo más suave.
kissiéra ounn çépiyo mass souavé.

Puis-je **essayer** ce vernis à ongles ?

¿Puedo probar este esmalte para uñas?
¿pouédo probar ésté ésmalté para ougnass?

Je préférerais un **parfum** plus léger.

Preferiría un perfume más suave.
préfériria ounn pérfoumé mass souavé.

Pourrais-je **sentir** ce parfum ?

¿Me permite oler este perfume?
¿mé pérmité olér ésté pérfoumé?

Vocabulaire		
Blaireau	*una brocha de afeitar*	brotcha dé aféitar
Brosse à cheveux	*un cepillo para el pelo*	çépiyo para él pélo
– à dents	*– – de dientes (AmL : una escobilla de dientes)*	– dé diénntéss éskobiya dé diénntéss
– à ongles	*– – para las uñas (AmL : una escobilla para las uñas)*	– para lass ougnass éskobiya para lass ougnass

Cheveux gras	*cabello graso*	kabèyo grasso
– secs	*– seco*	– sèko
Coton	*el algodón*	algodonn
Cotons tiges	*bastoncitos de algodón*	bastonnçitoss dè algodonn
Couleur	*el color*	kolor
Crayon pour les yeux	*un lápiz de ojos*	lapiç dè o'rhoss
Crème hydratante	*una crema hidratante*	krèma hidratanntè
– de jour	*– – de día*	– dè dia
– de nuit	*– – de noche*	– dè notchè
– pour les mains	*– – para las manos*	– para lass manoss
– à raser	*– – de afeitar*	– dè afèitar
– solaire	*– – solar*	– solar
Démaquiller	*desmaquillar*	dèsmakiyar
Dentifrice	*una pasta de dientes*	pasta dè diènntèss
Déodorant	*un desodorante*	dèssodoranntè
Dissolvant	*un quitaesmalte*	kitaèsmaltè
Eau de Cologne	*un agua de Colonia*	agoua dè kolonia
– de toilette	*– – de olor*	– dè olor
Épingle de sûreté	*un imperdible (AmL : un alfiler de gancho)*	impèrdiblè alfilèr dè ganntcho
– à cheveux	*una horquilla*	orkiya
Éponge	*una esponja*	èsponn'rha
Fard à paupières	*una sombra para los ojos*	sombra para loss o'rhoss
Flacon	*un frasco*	frasko
Foncé	*obscuro*	obskouro
Fond de teint	*una base de maquillage*	bassè dè makiya'rhè
Gant de crin	*un guante de crin*	gouanntè dè krinn
– de toilette	*un guante*	gouanntè
Gel	*un gel*	rhèl
Huile solaire	*un aceite solar*	açèitè solar
Incolore	*incoloro*	innkoloro
Inodore	*inodoro*	inodoro

Lait démaquillant	*una leche desmaquilladora*	lėtchė dėsmakiyadora
Lames de rasoir	*unas hojas de afeitar*	o'rhass dė afėitar
Laque	*una laca*	laka
Léger (parfum)	*suave*	souavė
Lime à ongles	*una lima para uñas*	lima para ougnass
Lotion	*una loción*	loçionn
Lourd	*pesado*	pėssado
Maquiller	*maquillar*	makiyar
Mascara	*el rimel*	rrimėl
Masque	*una máscara*	maskara
Mouchoirs en papier	*unos pañuelos de papel*	pagnouėloss dė papėl
Mousse à raser	*la espuma de afeitar*	ėspouma dė afėitar
Papier hygiénique	*papel higiénico*	papėl i'rhiėniko
Parfum	*un perfume*	pėrfoumė
Peau grasse	*piel grasa*	piėl grassa
– sèche	*– seca*	– sėka
– sensible	*– sensible*	– sėnnsiblė
Peigne	*un peine (AmL : una peineta)*	pėinė pėinėta
Pinceau	*un pincel*	pinnçėl
Pinces à épiler	*unas pinzas*	pinnçass
Pommade pour les lèvres	*una pomada para labios*	pomada para labioss
Poudre	*un polvo*	polvo
Poudrier	*una polvera*	polvėra
Rasoir	*una máquina de afeitar*	makina dė afėitar
– à lames	*una maquinilla de afeitar*	makiniya dė afėitar
Rouge à lèvres	*un lápiz labial*	lapiç labial
Savon	*un jabón*	rhabonn
Sec	*seco*	sėko
Serviette hygiénique	*un paño higiénico*	pagno i'rhiėniko
– de bain	*una toalla de baño*	toaya dė bagno
– de toilette	*una toalla*	toaya
Shampooing	*un champú*	tchampou
Talc	*un talco*	talko
Tampon	*un tampón*	tamponn
Teinte	*un tinte*	tinntė

Trousse de toilette	*un neceser de aseo*	nèçèssèr dè assèo
Tube	*un tubo*	toubo
Vaporisateur	*un vaporizador*	vaporiçador
Vernis à ongles	*un esmalte para uñas*	èsmaltè para ougnass

Photographie

fotografía
fotografia

S'il vous plaît, pouvez-vous m'indiquer un magasin de photos ?

Por favor, ¿puede usted indicarme una tienda de artículos fotográficos?
por favor, ¿pouèdè oustèd inndikarmè ouna tiènnda dè artikouloss fotografikoss?

Pouvez-vous me donner le **certificat d'origine** ?

¿Puede usted darme el certificado de origen?
¿pouèdè oustèd darmè èl çèrtifikado dè ori'rhènn?

La pellicule est **coincée.**

La película está atascada.
la pèlikoula èsta ataskada.

En combien de temps pouvez-vous **développer** ce film ?

¿Cuánto tiempo necesita usted para revelar esta película?
¿kouannto tièmpo nèçèssita oustèd para rrèvèlar èsta pèlikoula?

Quels sont les **droits de douane** à payer ?

¿Cuánto hay que pagar de derechos de aduana?
¿kouannto aï kė pagar dė dėrėtchoss dė adouana?

J'ai des **ennuis** avec...

Tengo problemas con...
tėnngo problėmass konn...

La cellule ne **fonctionne** pas.

La célula no funciona.
la çėloula no founnçiona.

L'appareil est **tombé**.

Se me ha caído la cámara.
sė mė a kaïdo la kamara.

Vocabulaire		
Agrandissement	*una ampliación*	ampliaçionn
Ampoules-flash	*una bombilla de flash*	bombiya dė flash
Appareil	*una cámara (AmL : una máquina)*	kamara makina
Appareil photo jetable	*una cámara desechable*	kamara dėssėtchablė
Appareil photo numérique	*una cámara digital*	kamara di'rhital
Bague de réglage	*el anillo de enfoque*	aniyo dė ėnnfokė
Bobine	*una película, un rollo*	pėlikoula, rroyo
Boîtier	*la caja*	ka'rha
Brillant	*brillante*	briyanntė
Caméscope	*una videocámara*	vidėokamara
Capuchon	*el capuchón*	kapoutchonn
Cellule	*la célula*	çėloula
Clair	*claro*	klaro
Compteur	*el contador*	konntador
Contrasté	*contrastado*	konntrastado
Déclencheur	*el disparador*	disparador
Développement	*el revelado*	rrėvėlado

Diaphragme	*el diafragma*	diafragma
Diapositive	*una diapositiva*	diapossitiva
Épreuve	*una prueba*	prouėba
Film noir et blanc	*película blanco y negro*	pėlikoula blannko i nėgro
Filtre jaune	*un filtro amarillo*	filtro amariyo
– orange	*– – naranja*	– narann'rha
– rouge	*– – rojo*	– rro'rho
Format	*el formato*	formato
Glacé	*glaseado, brillante*	glassėado, briyanntė
Grain fin	*de grano fino*	dė grano fino
Identité (photo d')	*una foto de identidad*	foto dė idėnntidad
Lumière artificielle	*la luz artificial*	louç artificial
– du jour	*– – del día*	– dėl dia
Marges (avec, sans)	*con (sin) márgenes, marcos*	konn (sinn) mar'rhėnėss, markoss
Mat	*mate*	matė
Négatif	*un negativo*	nėgativo
Objectif	*el objetivo*	ob'rhėtivo
Obturateur	*el obturador*	obtourador
Papier	*el papel*	papėl
Pied	*un pie*	piė
Pile	*una pila*	pila
Poses (20)	*veinte exposiciones*	vėinntė ėkspossiçionėss
Rapide	*rápido*	rrapido
Recharger	*cargar*	kargar
Rembobiner	*enrollar*	ėnnrroyar
Réparation	*un arreglo*	arrėglo
Sensible	*sensible*	sėnnsiblė
Sombre	*obscuro*	obskouro
Télémètre	*el telémetro*	tėlėmėtro
Tirage	*una copia*	kopia
Viseur	*el visor*	vissor

Poissonnerie

pescadería
péskadéria

Moins cher... **moins** gros.

Menos caro... menos grande.
ménoss karo... ménoss granndé.

Plus grand... **plus** petit.

Más grande... más pequeño.
mass granndé... mass pékégno.

Avez-vous un **poisson** meilleur marché ?

¿Tiene usted algún pescado más barato?
¿tiéné oustéd algounn péskado mass barato?

Vocabulaire		
Anchois	*las anchoas*	anntchoass
Anguilles	*las anguilas*	annguilass
Araignée de mer	*la centolla*	çénntoya
Bar	*el robalo*	rrobalo
Brochet	*el lucio*	louçio
Cabillaud	*el bacalao fresco*	bakalao frésko
Calmars	*los calamares*	kalamaréss
Carpe	*la carpa*	karpa
Carrelet	*la platija*	plati'rha
Colin	*la merluza*	mérlouça
Congre	*el congrio*	konngrio
Coquilles Saint-Jacques	*las vieiras* *(Chi : los ostiones)*	viéirass ostionéss
Crabe	*el cangrejo de mar* *(Chi : la jaiva)*	kanngré'rho dé mar rhaïva
Crevettes	*las gambas* *(AmL : los camarones)*	gambass kamaronéss
Crustacés	*los crustáceos*	kroustaçéoss
Daurade	*el besugo*	béssougo

Écrevisse	*el cangrejo de río (Chi : el camarón de río)*	kanngrè'rho dè rrio kamaronn dè rrio
Filet	*un filete*	filèté
Fruits de mer	*los mariscos*	mariskoss
Fumé	*ahumado*	aoumado
Hareng	*el arenque*	arènnké
Homard	*el bogavante*	bogavannté
Huîtres	*las ostras (Mex : los ostiones)*	ostrass ostionèss
Langouste	*la langosta*	lanngosta
Langoustines	*los langostinos*	lanngostinoss
Maquereau	*la caballa*	kabaya
Mariné	*escabechado*	èskabètchado
Merlan	*la pescadilla*	pèskadiya
Morue	*el bacalao*	bakalao
Moules	*los mejillones (Chi : los choritos)*	mè'rhiyonèss tchoritoss
Oursins	*los erizos*	èriçoss
Perche	*la perca*	pèrka
Poisson	*el pescado*	pèskado
Sardines	*las sardinas*	sardinass
Saumon	*el salmón*	salmonn
Sole	*el lenguado*	lènngouado
Thon	*el atún*	atounn
Tranche de...	*una tajada de...*	ta'rhada dè
Truite	*la trucha*	troutcha
Turbot	*el rodaballo*	rrodabayo

Poste • téléphone • Internet

correos • teléfono • Internet
korréoss • téléfono • inntérnét

Où est le bureau de poste... la boîte aux lettres ?
¿Dónde está la oficina de correos... el buzón?
¿donndé ésta la ofiçina dè korrèoss... èl bouçonn?

Allô ! Je voudrais parler à...

¡Oiga (aló)! quisiera hablar con...
¡oïga (al**o**)! kissi**è**ra abl**a**r konn...

Quand **arrivera** cette lettre ?

¿Cuándo llegará esta carta?
¿kou**a**nndo yèg**a**ra **è**sta k**a**rta?

La **communication** a été coupée.

Se ha cortado la comunicación.
sè a kort**a**do la komounikaçi**o**nn.

Votre **correspondant** ne répond pas.

No contestan.
no konnt**è**stann.

Avez-vous du **courrier** pour moi ?

¿Tiene usted correo para mí?
¿ti**è**nè oust**è**d korr**è**o para mi?

Combien cela **coûte**-t-il ?

¿Cuánto vale ésto?
¿kou**a**nnto v**a**lè **è**sto?

Je voudrais **envoyer**...

Quisiera enviar...
kissi**è**ra ènnvi**a**r...

Dois-je remplir un **formulaire** ?

¿Tengo que llenar un formulario?
¿t**è**nngo kè yèn**a**r ounn formoul**a**rio?

Où est le **guichet** ?

¿Dónde está la ventanilla?
¿d**o**nndè èst**a** la vènntan**i**ya?

À quel guichet puis-je toucher un **mandat** ?

¿En qué ventanilla puedo cobrar un giro?
¿ènn kè vènntan**i**ya pou**è**do kobr**a**r ounn rh**i**ro?

Pouvez-vous me faire de la **monnaie** ?

¿Puede usted darme dinero suelto?
¿pouėdė oustėd darmė dinėro souėlto?

La ligne est **occupée.**

La línea está ocupada.
la linėa ėsta okoupada.

Quelles sont les heures d'**ouverture** de la poste ?

¿A qué horas está abierto el Correo?
¿a kė orass ėsta abiėrto ėl korrėo?

Je désire envoyer un **paquet** par avion... en express... en recommandé.

Quisiera enviar un paquete por correo aéreo... urgente... certificado.
kissiėra ėnnviar ounn pakėtė por korrėo aėrėo... our'rhėnntė... çėrtifikado.

La lettre **partira**-t-elle aujourd'hui ?

¿Saldrá hoy la carta?
¿saldra oï la karta?

Je voudrais **me connecter** à Internet... consulter mes e-mails.

Quisiera conectarme a internet... consultar mi correo electrónico.
kissiėra konėktarmė a inntėrnėt... konnsoultar mi korrėo elektroniko.

Où est le **téléphone** ?

¿Dónde está el teléfono?
¿donndė ėsta ėl tėlėfono?

Puis-je utiliser votre **téléphone** ?

¿Puedo usar su teléfono?
¿pouėdo oussar sou tėlėfono?

Je voudrais **téléphoner** en P.C.V... avec préavis.

Quisiera llamar con cobro revertido... con preaviso.
kissi**è**ra yam**a**r konn k**o**bro rrévèrt**i**do... konn préav**i**sso.

À quel guichet vend-on des **timbres** (de collection) ?

¿En qué ventanilla venden sellos (de colección)?
¿ènn kè vènntan**i**ya v**è**nndènn s**è**yoss (dè kolèkçi**o**nn)?

Vocabulaire		
Abonné	*un abonado*	abon**a**do
Adresse	*la dirección*	dirèkçi**o**nn
Adresse e-mail	*la dirección e-mail*	dirèkçi**o**nn i-m**è**il
ALLÔ !	*¡DIGA!* *¡Oiga!* *(Mex : ¿bueno?)* *(AmL : ¡aló!)*	d**i**ga **o**ïga bou**è**no al**o**
Annuaire	*la guía* *(Mex : el directorio)*	gu**i**a dirèkt**o**rio
Appareil	*el aparato*	apar**a**to
Appel	*una llamada*	yam**a**da
Arobase	*arroba*	arr**o**ba
Attendre	*esperar*	èspér**a**r
Boîte aux lettres	*el buzón*	bouç**o**nn
Carte postale	*una tarjeta postal*	tar'h**è**ta post**a**l
Colis	*un paquete* *(AmL : una encomienda)*	pak**è**tè ènnkomi**è**nnda
Communication	*una comunicación*	komounikaçi**o**nn
Coupez pas (ne)	*no corte*	no k**o**rtè
Courrier	*el correo*	korr**è**o
Courrier électronique	*el correo electrónico*	korr**è**o èlèktr**o**niko
Cybercafé	*un cibercafé*	sibèrkaf**è**
Demander	*pedir*	pèd**i**r
Distribution	*la distribución*	distribouçi**o**nn
Entendre	*oír*	o**ï**r

Entends rien (je n')	*no oigo nada*	no oïgo nada
Envoi	*un envío*	ènnvio
Envoyer	*mandar*	manndar
Expédier	*despachar*	dèspatchar
Expéditeur	*el remite, remitente*	rrèmitè, rrèmitènntè
Express	*urgente*	our'rhènntè
Facteur	*el cartero*	kartèro
Faux numéro	*número equivocado*	nouméro èkivokado
Fax	*fax*	fakss
Formulaire	*un formulario*	formoulario
Guichet	*una ventanilla*	vènntaniya
INFORMATIONS	*INFORMACIONES*	innformaçionèss
Lettre	*una carta*	karta
Levée	*la recogida*	rrèko'rhida
Ligne	*una línea*	linèa
Mandat	*un giro*	rhiro
Message	*un mensaje, recado*	mènnsa'rhè, rrèkado
Monnaie	*dinero suelto, cambio (AmL : sencillo)*	dinèro souèlto, kambio sènnçiyo
Mot de passe	*la contraseña*	konntrassègna
Numéro	*un número*	nouméro
Occupé	*ocupado*	okoupado
Paquets	*paquetes (AmL : encomiendas)*	pakètèss ènnkomiènndass
Par avion	*correo aéreo*	korrèo aèréo
Partage de fichiers	*compartir archivos*	kompartir artchivoss
Pièce (monnaie)	*una moneda*	monèda
Poser (une question)	*preguntar*	prègounntar
Poste restante	*lista de correos*	lista dè korrèoss
Rappeler	*volver a llamar*	volvèr a yamar
Réception	*la recepción*	rècèpçionn
Recevoir	*recibir*	rèçibir
Recommandés	*certificados*	çèrtifikadoss
Répondeur	*el contestador*	konntestador
Réseau	*la red*	rèd
Tarif	*la tarifa*	tarifa
Taxe	*un impuesto*	impouèsto
Téléphone	*teléfono*	tèlèfono
Téléphone portable	*el móvil*	movil
Urgent (très)	*muy urgente*	mouï our'rhènntè
Valeur déclarée	*valor declarado*	valor dèklarado

Souvenirs

| *souvenirs • recuerdos*
| souvénir • rrékouérdoss

Où y a-t-il une **boutique d'artisanat** ?

¿Dónde hay alguna tienda de artesanía?
¿donndė aï algouna tiènnda dė artėssania?

Cet objet est-il **fait main** ?

¿Está hecho a mano este objeto?
¿ėsta ėtcho a mano ėstė ob'rhėto?

Quels sont les **objets typiques** de votre région ?

¿Cuáles son los objetos típicos de su región?
¿koualėss sonn loss ob'rhėtoss tipikoss dė sou rrė'rhionn?

Peut-on **visiter** l'atelier ?

¿Se puede visitar el taller?
¿sė pouėdė vissitar ėl tayėr?

Vocabulaire		
Argent	*la plata*	plata
Artisanat	*la artesanía*	artėssania
Atelier d'artiste	*un taller de artista*	tayėr dė artista
Bijoux	*una joya, alhaja*	rhoya, ala'rha
Bois	*la madera*	madėra
Boucles d'oreilles	*unos pendientes* *(Mex : unos aretes)* *(AmL : unos aros)*	pėnndiènntėss arėtėss aross
Bracelet	*una pulsera,* *un brazalete*	poulsėra, braçalėtė
Broderie	*el bordado*	bordado
Cadeau	*un regalo*	rrėgalo
Carte postale	*una tarjeta postal*	tar'rhėta postal
Castagnettes	*las castañuelas*	kastagnouėlass

Cendrier	*un cenicero*	çéniçèro
Châle	*un chal*	tchal
Chapeau	*un sombrero*	sombrèro
Collier	*un collar*	koyar
Coton	*el algodón*	algodonn
Cuir	*el cuero*	kouèro
– repoussé	*– – repujado*	– rrèpou'rhado
– (objets en)	*objetos de cuero*	ob'rhètoss dè kouèro
Cuivre	*el cobre*	kobrè
Damasquiné	*damasquinado*	damaskinado
Dentelle	*los encajes*	ènnka'rhèss
Dessin	*un dibujo*	dibou'rho
Écusson	*un escudo*	èskoudo
Émeraude	*la esmeralda*	èsmèralda
Éventail	*un abanico*	abaniko
Exposition	*una exposición*	èkspossiçionn
Flûte – des Andes	*una flauta* *(Pér : una quena)*	flaouta kèna
Guitare	*una guitarra*	guitarra
Jade	*el jade*	rhadè
Laine	*la lana*	lana
Lapis-lazuli	*el lapizlázuli*	lapiçlaçouli
Mantille	*una mantilla*	manntiya
Miniatures (monuments)	*monumentos en miniatura*	monoumènntoss ènn miniatoura
Obsidienne	*la obsidiana*	obsidiana
Onyx	*el ónix*	onikss
Or	*el oro*	oro
Osier	*el mimbre*	mimbrè
Papier mâché	*el papel maché*	papèl matchè
Peinture (tableau) – sur écorce	*una pintura, un cuadro* *(Mex : un amate)*	pinntoura, kouadro amatè
Poncho – ouvert devant	*un poncho* *(Mex : un jorongo)* *(Col : una ruana)*	ponntcho rhoronngo rrouana
Poterie	*la alfarería* *(AmL : la cerámica)*	alfarèria çèramika
Poupée	*una muñeca*	mougnèka
Sandales	*las sandalias* *(Mex : los huaraches)*	sanndaliass ouaratchèss

Sculpture sur bois	*una escultura en madera*	èskoultoura ènn madèra
Spécialités locales	*especialidades locales*	èspèçialidadèss lokalèss
Tapis	*una alfombra (Mex : un tapete)*	alfombra tapèté
Tissage	*los tejidos*	tè'rhidoss
Topaze	*el topacio*	topaçio
Turquoise	*la turquesa*	tourkèssa
Verre	*el vidrio*	vidrio
– soufflé	*– – soplado*	– soplado

Tabac

estanco
éstannko

Où y a-t-il un marchand de tabac ?

¿Donde hay un estanco?
¿donndé aï ounn èstannko?

Je voudrais une **cartouche**... un paquet de **cigarettes**.

Quisiera comprar un cartón... un paquete de cigarrillos.
kissièra komprar ounn kartonn... ounn pakèté dè çigarriyoss.

Vocabulaire		
Allumettes	*unas cerillas (AmL : unos cerillos, fósforos)*	çèriyass çèriyoss, fosfoross
Briquet	*un mechero, encendedor*	mètchèro, ènnçènndèdor
Cartouche	*un cartón*	kartonn
Cigares	*unos puros*	pouross
Cigarettes blondes	*unos cigarrillos rubios*	çigarriyoss rroubioss
– – brunes	*– – negros*	– nègross

Cure-pipe	*una escobilla para pipa*	ėskobiya para pipa
Essence	*gasolina (AmL : bencina, nafta)*	gassolina bėnnçina, nafta
Étui	*un estuche*	ėstoutchė
Filtre (avec, sans)	*con (sin) filtro*	konn (sinn) filtro
Mèche	*la mecha*	mėtcha
Papier à cigarettes	*papel de cigarrillos*	papėl dė çigarriyoss
Paquet	*una cajetilla*	ka'rhėtiya
Pierre à briquet	*una piedra de mechero, de encendedor*	piėdra dė mėtchėro, dė ėnnçėnndėdor
Pipe	*una pipa*	pipa
Recharge de gaz	*una carga de gas*	karga dė gass
Tabac	*el tabaco*	tabako

Culture • loisirs

Cultes

cultos religiosos
koultoss rréli'rhiossoss

Donne-t-on des concerts dans cette **chapelle** ?

¿Hay conciertos en esta capilla?
¿aï konnçiértoss énn ésta kapiya?

Cette église est-elle encore destinée au **culte** ?

¿Hay todavía oficios religiosos en esta iglesia?
¿aï todavia ofiçioss rréli'rhiossoss énn ésta iglèssia?

Pouvez-vous me dire où se trouve l'**église** la plus proche... la cathédrale ?

¿Puede usted decirme dónde se encuentra la iglesia más cercana... la catedral?
¿pouédé oustéd déçirmé donndé sé énnkouénntra la iglèssia mass çérkana... la katédral?

J'aimerais connaître l'**horaire des offices**.

Me gustaría saber el horario de los oficios.
mé goustaria sabér él orario dé loss ofiçioss.

Y a-t-il des **offices** chantés ?

¿Hay oficios cantados?
¿aï ofiçioss kanntadoss?

À quelle heure l'église est-elle **ouverte** au public ?

¿A qué hora se puede visitar la iglesia?
¿a ké ora sé pouédé vissitar la iglèssia?

Je cherche un **pasteur**... un **prêtre**... un **rabbin**... parlant français.

Busco a algún pastor... sacerdote... rabino... que hable francés.
bousko a algounn pastor... saçèrdotė... rrabino... kė ablė frannçèss.

Vocabulaire		
Cathédrale	*la catedral*	katėdral
Catholique	*católico*	katoliko
Chapelle	*la capilla*	kapiya
Chrétien	*cristiano*	kristiano
Communion	*la comunión*	komounionn
Confession	*la confesión*	konnfèssionn
Dieu	*Dios*	dioss
Divin	*divino*	divino
Église	*la iglesia*	iglèssia
Juif	*judío*	rhoudio
Libre penseur	*un libre pensador*	librė pėnnsador
Messe	*la misa*	missa
Mosquée	*la mezquita*	mèçkita
Musulman	*musulmán*	moussoulmann
Office	*un oficio*	ofiçio
Orthodoxe	*ortodoxo*	ortodokso
Païen	*pagano*	paqano
Pasteur	*un pastor*	pastor
Presbytère	*el presbiterio*	prèsbitèrio
Prêtre	*un sacerdote*	saçèrdotė
Prière	*una oración*	oraçionn
Prophète	*un profeta*	profèta
Protestant	*protestante*	protèstanntė
Quête	*una colecta*	kolèkta
Rabbin	*un rabino*	rrabino
Religion	*la religión*	rrèli'rhionn
Saint	*un santo*	sannto
Secte	*una secta*	sèkta
Sermon	*un sermón*	sèrmonn
Synagogue	*la sinagoga*	sinagoga
Temple	*el templo*	tèmplo

Distractions • spectacles

distracciones • espectáculos
distrakçionéss • éspéktakouloss

À quelle heure **commence** le concert... le film... la pièce ?

¿A qué hora empieza el concierto... la película... la obra?
¿a ké ora èmpièça èl konnçièrto... la pèlikoula... la obra?

Combien **coûtent les places** ?

¿Cuánto valen las localidades?
¿kouannto valènn lass lokalidadèss?

Peut-on **danser** toute la nuit dans cette boîte ?

¿Se puede bailar toda la noche en esta boîte?
¿sè pouèdè baïlar toda la notchè ènn èsta bouat?

Que **donne**-t-on ce soir, au cinéma... au théâtre ?

¿Qué ponen (dan) esta noche en el cine... en el teatro?
¿kè ponènn (dann) èsta notchè ènn èl çinè... ènn èl tèatro?

Le **film** est-il en version originale ?

¿La película es en versión original?
¿la pèlikoula èss ènn vèrsionn ori'rhinal?

Quel est le **groupe**... la troupe qui joue ce soir ?

¿Qué grupo... qué compañía actúa esta noche?
¿kè groupo... kè kompagnia aktoua èsta notchè?

À quelle heure **ouvrent** les boîtes de nuit... les cabarets... les discothèques ?

¿A qué hora abren las boîtes... los cabarets... las discotecas?

¿a kė ora abrėnn lass bouat... loss kabarė... lass diskotėkass?

Nous avons besoin d'un **partenaire** pour jouer.

Necesitamos a un compañero para actuar (théâtre), tocar (musique), jugar (sport, jeux).
nėçėssitamoss a ounn kompagnėro para aktouar... tokar... rhougar.

Est-ce un spectacle **permanent** ?

¿Es un espectáculo contínuo?
¿ėss ounn ėspėktakoulo konntinouo?

Je voudrais une... deux **places**... entrées.

Quisiera una... dos localidades... entradas.
kissiėra ouna... doss lokalidadėss... ėnntradass.

Avez-vous le **programme** des spectacles ?

¿Tiene usted la cartelera de espectáculos?
¿tiėnė oustėd la kartėlėra dė ėspėktakouloss?

Où peut-on **réserver** des places ?

¿Dónde se pueden reservar localidades?
¿donndė sė pouėdėnn rrėssėrvar lokalidadėss?

Pouvez-vous m'indiquer les **salles de jeux**... le casino ?

¿Puede usted indicarme las salas de juego... el casino?
¿pouėdė oustėd inndikarmė lass salass dė rhouėgo... ėl kassino?

Faut-il une **tenue de soirée** ?

¿Hace falta un traje de noche?
¿açė falta ounn tra'rhė dė notchė?

Vocabulaire		
Acte	*un acto*	akto
Acteur	*un actor*	aktor
Actrice	*una actriz*	aktriç
Amusant	*divertido, cómico*	divèrtido, komiko
Arène	*la arena*	arèna
Artiste	*un artista*	artista
Auteur	*el autor*	aoutor
Balcon	*el balcón*	balkonn
Ballet	*un ballet*	balè
Billard	*un billar*	biyar
Billet	*una localidad, entrada*	lokalidad,ènntrada
Boîte de nuit	*la boîte (AmL : un nightclub)*	bouat naïtkleub
Bridge	*el bridge*	bridge
Cabaret	*un cabaret*	kabarè
Cantatrice	*una cantante*	kanntanntè
Cartes (jeu de)	*los naipes, las cartas*	naïpèss, kartass
Casino	*el casino*	kassino
Chanteur	*un cantante*	kanntanntè
Chef d'orchestre	*un director de orquesta*	dirèktor dè orkèsta
Cinéma de plein air	*un cine al aire libre*	çinè al aïrè librè
– en salle	*un cine*	çinè
Cirque	*el circo*	çirko
Comédie	*una comedia*	komèdia
COMPLET	*COMPLETO*	komplèto
Compositeur	*el compositor*	kompossitor
Concert	*un concierto*	konnçièrto
Costumes	*los trajes*	tra'rhèss
Coulisses	*los bastidores*	basstidorèss
Critique	*la crítica*	kritika
Dames (jeu de)	*las damas*	damass
Danse	*la danza*	dannça
– classique	*el baile, la danza clásico (a)*	baïlè, dannça klassiko (a)
– folklorique	*– –, – – folklórico (a)*	– – folkloriko (a)
Danseur	*un bailarín*	baïlarinn
Danseuse	*una bailarina*	baïlarina

Décor	*el decorado*	dėkorado
Dés (jeu de)	*los dados*	dadoss
Drame	*un drama*	drama
Échecs (jeu d')	*el ajedrez*	a'rhėdrėç
Écouter	*escuchar*	ėskoutchar
Écran	*la pantalla (AmL : el telón)*	panntaya tėlonn
Entracte	*el entreacto, intermedio*	ėnntrėakto, inntėrmėdio
ENTRÉE	*ENTRADA*	ėnntrada
Fauteuil d'orchestre	*una butaca de patio (AmL : un sillón de orquesta)*	boutaka dė patio siyonn dė orkėsta
FERMÉ	*CERRADO*	çėrrado
File d'attente	*la cola de espera*	kola dė ėspėra
Gagner	*ganar*	ganar
Gradins	*las graderías*	gradėriass
Groupe	*el grupo*	groupo
Guichet	*la taquilla, ventanilla (AmL : la boletería)*	takiya, vėnntaniya bolėtėria
Hall	*el hall*	ol
INTERDIT AUX MOINS DE DIX-HUIT ANS	*PROHIBIDO A LOS MENORES DE DIECIOCHO AÑOS*	proïbido a loss mėnorėss de diėçiotcho agnoss
Intéressant	*interesante*	inntėrėssanntė
Jeton	*una ficha*	fitcha
Jeux de hasard	*los juegos de azar*	rhouėgoss dė açar
Jouer	*jugar*	rhougar
Lecture	*la lectura*	lėktoura
Livret	*el libreto*	librėto
Loge	*el palco*	palko
Lyrique	*lírico*	liriko
Maison de jeux	*un establecimiento de juegos*	ėstablėçimiėnnto dė rhouėgoss
Marionnettes	*los títeres, las marionetas*	titėrėss, marionėtass
Matinée	*la función de la tarde (AmL : la matinée)*	founnçionn dė la tardė matinė
Metteur en scène	*el director, realizador*	dirėktor, rrėaliçador

Musiciens	*los músicos*	moussikoss
Opéra	*una ópera*	opèra
Opérette	*una opereta*	opèrèta
Parterre	*la platea*	platéa
Partie	*una partida*	partida
Perdre	*perder*	pèrdèr
Permanent	*contínuo (AmL : rotativo)*	konntinouo rrotativo
Pièce	*una obra*	obra
Pion	*un peón*	pèonn
Piste	*la pista*	pista
Poulailler	*el gallinero*	gayinèro
POUR ADULTES	*SOLO PARA ADULTOS*	solo para adoultoss
Programme	*el programa*	programa
Rang	*la fila*	fila
Représentation	*una función*	founnçionn
Réservation	*una reserva*	rrèssèrva
Revue	*la revista*	rrèvista
Rideau	*el telón*	tèlonn
Rôle	*un papel*	papèl
Roulette (jeu)	*la ruleta*	rroulèta
Salle	*la sala*	sala
Scène	*el escenario*	èçènario
Soirée	*la función de la noche*	founnçionn dè la notché
Sous-titres	*los subtítulos*	soubtitouloss
Spectacle	*espectáculo*	èspèktakoulo
Succès	*un éxito*	èksito
Tragédie	*una tragedia*	tra'rhèdia
Vedette	*la vedette*	vèdèt
Version originale	*versión original*	vèrsionn ori'rhinal

Nature

naturaleza
natouraléça

Vocabulaire		
Abeille	*una abeja*	abé'rha
Air	*el aire*	aïré
Altitude	*la altura*	altoura
Animal	*un animal*	animal
À pic	*a pique*	a piké
Arbre	*un árbol*	arbol
Automne	*el otoño*	otogno
Averse	*un aguacero, chubasco*	agouaçéro, tchoubasko
Baie	*una bahía*	baïa
Berger	*un pastor*	pastor
Bœuf	*un buey*	bouéi
Bois	*un bosque*	boské
Boisé	*boscoso*	boskosso
Boue	*el barro*	barro
Bouleau	*un abedul*	abédoul
Branche	*una rama*	rrama
Brouillard	*la niebla, neblina*	niébla, néblina
Brume	*la bruma*	brouma
Caillou	*un guijarro*	gui'rharro
Calcaire	*calcáreo*	kalkaréo
Campagne	*el campo*	kampo
Carrefour	*un cruce*	krouçé
Cascade	*una cascada*	kaskada
Chaleur	*el calor*	kalor
Champ	*un campo, prado*	kampo, prado
Champignon	*un hongo, un champiñón (AmL : una callampa)*	onngo, tchampignonn kayampa
Château	*un castillo*	kastiyo
Chemin	*un camino*	kamino
Chêne	*un roble*	rroblé
Cheval	*un caballo*	kabayo

Chien de berger	*un perro de pastor*	pèrro dè pastor
CHIEN MÉCHANT	*CUIDADO CON EL PERRO*	kouidado konn èl pèrro
Ciel	*el cielo*	çièlo
Clair	*claro*	klaro
Climat	*el clima*	klima
Colline	*una colina*	kolina
Cordillère (des Andes)	*la cordillera (de los Andes)*	kordiyèra (dè loss anndèss)
Côte	*una cuesta*	kouèsta
Coucher de soleil	*la puesta de sol*	pouèsta dè sol
Cueillir	*coger (Mex : recolectar)*	ko'rhèr rrèkolèktar
DANGER	*PELIGRO*	pèligro
Dangereux	*peligroso*	pèligrosso
Dégel	*el deshielo*	dèsyèlo
Désert	*el desierto*	dèssièrto
Eau	*el agua*	agoua
– potable	*– – potable*	– potablè
– non potable	*– – no potable*	– no potablè
Éclair	*un relámpago*	rrèlampago
Environs	*los alrededores*	alrrèdèdorèss
Épine	*una espina*	espina
Est	*el este*	èstè
Étang	*una laguna*	lagouna
Été	*el verano*	vèrano
Étoile	*una estrella*	èstrèya
Falaise	*un acantilado*	akanntilado
Ferme	*una granja, finca (AmL : una hacienda)*	grann'rha, finnka açiènnda
Feuille	*una hoja*	o'rha
Fleur	*una flor*	flor
Fleur (en)	*florecido*	florèçido
Foin	*el heno*	èno
Forêt	*un bosque*	boskè
Forêt vierge	*la selva (virgen)*	sèlva vir'rhènn
Fourmi	*una hormiga*	ormiga
Froid	*frío*	frio
Gelée	*la helada*	èlada
Glace	*el hielo*	yèlo

Glissant	*resbaloso*	rrèsbalosso
Grotte	*una gruta*	grouta
Guêpe	*una avispa*	avispa
Haie	*un seto, una hilera*	sèto, ilèra
Hauteur	*la altura*	altoura
Hiver	*el invierno*	innvièrno
Horizon	*el horizonte*	oriçonnté
Humide	*húmedo*	oumèdo
Inoffensif	*inofensivo*	inofènnsivo
Insecte	*un insecto*	innsèkto
Lac	*un lago*	lago
Lave	*la lava*	lava
Lever de soleil	*el amanecer*	amanèçèr
Lune	*la luna*	louna
Marécage	*un pantano*	panntano
Marée	*la marea*	marèa
Mer	*el mar*	mar
Montagne	*una montaña*	monntagna
Morsure	*una mordedura*	mordèdoura
– de serpent	*una picadura de serpiente*	pikadoura dè sèrpiènnté
Mouche	*una mosca*	moska
Moustique	*un mosquito*	moskito
Mouton	*un cordero*	kordèro
Neige	*la nieve*	nièvé
Nord	*el norte*	norté
Nuage	*una nube*	noubé
Océan	*el océano*	oçèano
Oiseau	*un pájaro*	pa'rharo
Olivier	*un olivo*	olivo
Ombre	*la sombra*	sombra
Orage	*una tormenta*	tormènnta
Oranger	*un naranjo*	narann'rho
Orties	*las ortigas*	ortigass
Ouest	*el oeste*	oèsté
Palmier	*una palmera*	palmèra
Paysage	*un paisaje*	païssa'rhé
Pierre	*una piedra*	pièdra
Pin	*un pino*	pino
Piqûre	*una picadura*	pikadoura
Plage	*una playa*	playa

Plaine	*una llanura* *(AmL : un llano)*	yanoura yano
Plantes	*las plantas*	planntass
Plat	*llano, plano*	yano, plano
Pluie	*la lluvia*	youvia
Pommier	*un manzano*	mannçano
Port	*un puerto*	pouèrto
Pré	*un prado* *(AmL : un potrero)*	prado potrèro
Précipice	*un precipicio*	prèçipiçio
Printemps	*la primavera*	primavèra
Proche	*cercano*	çèrkano
Promenade	*un paseo, una vuelta*	passèo, vouèlta
PROPRIÉTÉ PRIVÉE	*PROPIEDAD PRIVADA*	propièdad privada
Rivière	*un río*	rrio
Rocher	*una roca*	rroka
Sable	*la arena*	arèna
Sapin	*un pino*	pino
Sec	*seco*	sèko
Serpent	*una serpiente*	sèrpiènnté
Soleil	*el sol*	sol
Sommet	*una cumbre*	koumbré
Source	*una fuente*	fouènnté
Sud	*el sur*	sour
Température	*la temperatura*	tèmpèratoura
Tempête	*una tempestad*	tèmpèstad
Temps	*el tiempo*	tièmpo
Tonnerre	*un trueno*	trouèno
Torrent	*un torrente*	torrènnté
Troupeau	*un rebaño*	rrèbagno
Vache	*una vaca*	vaka
Vallée	*un valle*	vayé
Vénéneux	*venenoso*	vènènosso
Venimeux	*venenoso*	vènènosso
Versant	*una ladera*	ladèra
Volcan	*un volcán*	volkann

Sports

deportes
déportéss

Où peut-on pratiquer l'équitation... le golf... la natation... le surf... le tennis... la voile ?

¿Dónde se puede practicar equitación... golf... natación... surf... tenis... vela?
¿donndė sė pouėdė praktikar ėkitaçionn... golf... nataçionn... seurf... tėniss... vėla?

Je voudrais **assister** à un match de... où a-t-il lieu ?

Quisiera asistir a un partido de... ¿dónde es?
¿kissiėra assistir a ounn partido dė... ¿donndė ėss?

Où faut-il acheter les **billets**... réserver ?

¿Dónde se compran las entradas... se reserva?
¿donndė sė komprann lass ėnntradass... sė rrėssėrva?

Quel est le prix de l'**entrée** ?

¿Cuánto vale la entrada?
¿kouannto valė la ėnntrada?

Quelles sont les **équipes** ?

¿Qué equipos juegan?
¿kė ėkiposs rhouėgann?

Quelles sont les **formalités** à remplir pour obtenir le permis de chasse... de pêche ?

¿Qué trámites hay que hacer para conseguir la licencia de caza... de pesca?

¿kė tramitėss aï kė açėr para konnsėguir la liçėnnçia dė kaça... dė pėska?

Pouvez-vous m'indiquer les **heures d'ouverture** ?

¿Puede usted indicarme las horas de abertura?
¿pouėdė oustėd inndikarmė lass orass dė abėrtoura?

J'aimerais prendre des **leçons**.

Me gustaría tomar lecciones.
mė goustaria tomar lėkçionėss.

Où peut-on **louer le matériel**... l'équipement ?

¿Dónde se puede alquilar el material... el equipo?
¿donndė sė pouėdė alkilar ėl matėrial... ėl ėkipo?

Peut-on **nager** sans danger dans cette rivière... le long de cette plage ?

¿Se puede nadar sin peligro en este río... a lo largo de esta playa?
¿sė pouėdė nadar sinn pėligro ėnn ėstė rrio... a lo largo dė ėsta playa?

Y a-t-il une **patinoire** ?

¿Hay algún patinadero?
¿aï algounn patinadėro?

Où peut-on **pêcher** ?

¿Dónde se puede pescar?
¿donndė sė pouėdė pėskar?

Y a-t-il des **pistes** pour toutes les catégories de **skieurs** ?

¿Hay pistas para todas las categorías de esquiadores?
¿aï pistass para todass lass katėgoriass dė ėskiadorėss?

Comment peut-on rejoindre les **pistes** ?

¿Cómo se puede llegar a las pistas?
¿komo sė pouėdė yėgar a lass pistass?

Quelles sont les **prévisions météorologiques** ?

¿Cuáles son las previsiones meteorológicas?
¿koualėss sonn las prėvissionėss mėtėorolo'rhikass?

Quels sont les **prix** à l'heure... à la demi-journée... à la journée... à la semaine ?

¿Cuáles son las tarifas por hora... por medio día... por día... por semana?
¿koualėss sonn lass tarifass por ora... por mėdio dia... por dia... por sėmana?

Je voudrais faire une **randonnée** en montagne.

Quisiera hacer una excursión en las montañas.
kissièra açėr ouna ėkskoursionn ėnn lass monntagnass.

Le match est-il **retransmis à la télévision** ?

¿Transmiten el partido por la televisión?
¿trannsmitėnn ėl partido por la tėlėvissionn?

Vocabulaire		
Arbitre	***el árbitro***	arbitro
Articles de sport	***los artículos de deporte***	artikouloss dė dėportė
Athlétisme	***el atletismo***	atlėtismo
Balle	***una pelota***	pėlota
Ballon	***un balón***	balonn
Basket-ball	***el basket-ball, el baloncesto***	baskėt-bol, balonnçėsto
Bicyclette	***la bicicleta***	biçiklėta

Boxe	*el boxeo*	boksėo
But	*un gol*	gol
Championnat	*un campeonato*	kampėonato
Chronomètre	*un cronómetro*	kronométro
Club de golf	*un palo de golf*	palo dė golf
Combinaison de plongée	*un traje de submarinismo*	tra'rhė dė soubmarinismo
Corner	*un tiro de esquina, corner*	tiro dė ėskina, kornėr
Course	*una carrera*	karrėra
Cyclisme	*el ciclismo*	çiklismo
Deltaplane	*el deltaplano*	dėltaplano
Disqualification	*una descalificación*	dėskalifikaçionn
Entraînement	*el entrenamiento*	ėnntrėnamiėnnto
Équipe	*un equipo*	ėkipo
Escrime	*la esgrima*	ėsgrima
Essai	*un ensayo*	ėnnsayo
Finale	*una final*	final
Gagner	*ganar*	ganar
Gymnastique	*la gimnasia*	rhimnassia
Haltères	*las halteras*	altėrass
Hippodrome	*un hipódromo*	ipodromo
Hockey sur gazon	*el hockey sobre césped*	hokėi sobrė çėspėd
– – glace	*– – – hielo*	– – yėlo
Hors-jeu	*fuera de juego*	fouėra dė rhouėgo
Jeux olympiques	*los juegos olímpicos*	rhouėgoss olimpikoss
Jouer	*jugar*	rhougar
Joueur	*un jugador*	rhougador
Lancer	*lanzar*	lannçar
Lutte	*la lucha*	loutcha
Marathon	*el maratón*	maratonn
Marche	*la marcha*	martcha
Marquer un but	*marcar (meter) un gol*	markar, mėtėr, ounn gol
Match	*un partido*	partido
Météo	*la meteorología*	mėtėorolo'rhia
Mi-temps (première)	*el primer tiempo*	primėr tiėmpo
– (seconde)	*segundo tiempo*	sėgounndo tiėmpo
Motocyclisme	*el motociclismo*	motoçiklismo
Panier	*el cesto*	çėsto
Parier	*apostar*	apostar

Pédalo	*un pedaló*	pėdalo
Penalty	*un tiro penal*	tiro pėnal
Perdre	*perder*	pėrdėr
Ping-pong	*el tenis de mesa*	tėniss dė mėssa
Piste	*la pista*	pista
Point	*un punto*	pounnto
Randonnée	*la excursión*	ekskoursionn
Record	*un record*	rrėkor
Ring	*el ring*	rring
Rugby	*el rugby*	rragbi
Saut	*el salto*	salto
Shoot	*un tiro*	tiro
Sprinter	*un sprinter*	sprinntėr
Stade	*un estadio*	ėstadio
Supporteurs	*los hinchas*	inntchass
Terrain de football	*un campo de fútbol (AmL : una cancha de fútbol)*	kampo dė foutbol kanntcha dė foutbol
– de golf	*un campo de golf*	kampo dė golf
Touche	*un saque de banda, tiro de lado*	sakė dė bannda, tiro dė lado
Trou	*un hoyo*	oyo
Vélodrome	*un velódromo*	vėlodromo
Victoire	*una victoria*	viktoria
Vol à voile	*el vuelo sin motor*	vouėlo sinn motor
VTT	*el bici de montaña*	biçi dė monntagna

Chasse

caza
kaça

Vocabulaire		
Affût (être à l')	*estar al acecho*	ėstar al açėtcho
Armurerie	*una armería*	armėria
Balle	*una bala*	bala
Bottes	*las botas*	botass
Carabine	*una carabina*	karabina
Cartouche	*un cartucho*	kartoutcho
Chasse à courre	*una montería*	monntėria

CHASSE GARDÉE	*COTO DE CAZA*	koto dė kaça
CHASSE INTERDITE	*PROHIBIDA LA CAZA*	proïbida la kaça
Chasseur	*un cazador*	kaçador
Chien de chasse	*un perro de caza*	pėrro dė kaça
Fermée	*cerrada*	çėrrada
Fusil	*la escopeta*	ėskopėta
Garde-chasse	*un guarda de caza*	gouarda dė kaça
Gibecière	*un morral*	morral
Gibier à plume	*la caza de pluma*	kaça dė plouma
– à poil	*– – de pelo*	– dė pėlo
Lunette	*el visor*	vissor
Meute	*una jauría*	rhaouria
Ouverte	*abierta*	abiėrta
Permis de chasse	*la licencia de caza*	liçėnnçia dė kaça
Réserve	*una reserva*	rrėssėrva
Sécurité (d'une arme)	*el seguro*	sėgouro
Tirer	*disparar*	disparar
Veste de chasse	*una cazadora*	kaçadora

Équitation

equitación
ékitaçionn

Vocabulaire		
Antérieurs (les)	*los anteriores*	anntėrioréss
Assiette	*el equilibrio*	ėkilibrio
Bombe	*el casquete*	kaskėtė
Bottes	*las botas*	botass
Bouche	*la boca*	boka
Brides	*las riendas*	rriėnndass
Cabrer	*encabritarse*	ėnnkabritarsė
Cheval	*un caballo*	kabayo
Concours hippique	*un concurso hípico*	konnkourso ipiko
Course d'obstacles	*una carrera de obstáculos*	karrėra dė obstakouloss
Cravache	*la fusta*	fousta
Dos	*el lomo*	lomo
Écuyer	*un jinete*	rhinėtė
Encolure	*el cuello*	kouėyo

Éperons	*las espuelas*	èspouèlass
Étriers	*los estribos*	èstriboss
Galop	*el galope*	galopè
Garrot	*la cruz*	krouç
Jument	*una yegua*	yègoua
Longe	*un ronzal*	rronnçal
Manège	*el picadero*	pikadèro
Mors	*el freno*	frèno
Obstacle	*un obstáculo*	obstakoulo
Parcours	*un recorrido*	rrèkorrido
Pas	*el paso*	passo
Polo	*el polo*	polo
Poney	*un poney*	ponèi
Postérieurs	*los posteriores*	postèrioréss
Promenade à cheval	*un paseo, una vuelta a caballo*	passèo, vouèlta a kabayo
Rênes	*las riendas*	rrièndass
Robe	*la capa*	kapa
Ruer	*dar coces (AmL : dar patadas)*	dar koçèss – patadass
Sabots	*los cascos*	kaskoss
Sangle	*la cincha*	çinntcha
Sauter	*saltar*	saltar
Selle	*la silla (AmL : la montura)*	siya monntoura
Tapis de selle	*una manta sudadera*	mannta soudadèra
Trot	*el trote*	trotè

Montagne

montaña
monntagna

Vocabulaire		
Alpinisme	*el alpinismo*	alpinismo
Anorak	*un anorak (AmL : una parca)*	anorak parka
Ascension	*la ascensión*	açènnsionn
Avalanche	*una avalancha*	avalanntcha
Bâtons	*los bastones*	bastonèss

Bivouac	*el vivac*	vivak
Blouson	*una cazadora (Mex : un saco sport) (AmL : una chaqueta sport)*	kaçadora sako èspor tchakèta èspor
Bobsleigh	*un bobsleigh*	bobslè
Brouillard	*la niebla*	nièbla
Chaleur	*el calor*	kalor
Chute	*una caída*	kaïda
Corde	*una cuerda*	kouèrda
Cordée	*una cordada*	kordada
Crampon	*un crampón*	kramponn
Couloir	*un pasillo, paso*	passiyo, passo
Couteau	*un cuchillo*	koutchiyo
DANGER	*PELIGRO*	péligro
Dégel	*el deshielo*	dèsyèlo
Dérapage	*un resbalón*	rrèsbalonn
Descente (ski)	*el descenso*	dèçènnso
Détour (faire un)	*dar una vuelta*	dar ouna vouèlta
Escalade	*la escalada*	eskalada
Excursion	*una excursión*	èkskoursionn
Fondre	*derretir*	dèrrètir
Froid	*el frío*	frio
Funiculaire	*el funicular*	founikoular
Gants	*los guantes*	gouanntèss
Gelé	*helado*	èlado
Gelée	*la helada*	èlada
Glace	*el hielo*	yèlo
Glacier	*un glaciar (AmL : un ventisquero)*	glaçiar vènntiskèro
Grimper	*trepar, escalar*	trèpar, èskalar
Guide	*un guía*	guia
Halte	*un alto, una parada*	alto, parada
Leçon	*una lección, clase*	lèkçionn, klassè
Louer	*alquilar, arrendar*	alkilar, arrènndar
Luge	*un pequeño trineo*	pèkègno trinèo
Lunettes	*unas gafas (AmL : unos anteojos)*	gafass anntèo'rhoss
Moniteur	*un monitor*	monitor
Montée	*la subida*	soubida

Mousqueton	*un mosquetón*	moskètonn
Neige damée	*nieve apisonada*	nièvè apissonada
– gelée	*– helada*	– èlada
– poudreuse	*– polvorienta*	– polvoriènnta
Névé	*un nevero*	nèvèro
Patinage	*el patinaje*	patina'rhè
Patinoire	*un patinadero*	patinadèro
Patins	*los patines*	patinèss
Pente	*una pendiente*	pènndiènntè
Piolet	*un piolet*	piolèt
Piste	*una pista*	pista
Piton	*un pitón*	pitonn
Pluie	*la lluvia*	youvia
Porte (slalom)	*una puerta (slalom)*	pouèrta (èslalom)
Rappel (corde de)	*la cuerda de emergencia*	kouèrda dè èmèr'rhènnçia
Ravin	*una quebrada*	kèbrada
Redoux	*un aumento de temperatura*	aoumènnto dè tèmpèratoura
Refuge	*un refugio*	rrèfou'rhio
Roche	*una roca*	rroka
Sac à dos	*una mochila*	motchila
Sentier	*un sendero*	sènndèro
Skis	*los esquíes*	èskièss
– de descente	*– – de descenso*	– dè dèçènnso
– de fond	*– – de fondo*	– dè fonndo
Sommet	*la cumbre*	koumbrè
Sports d'hiver	*deportes de invierno*	dèportèss dè innvièrno
Surplomb	*una saliente*	saliènntè
Téléphérique	*un teleférico*	tèlèfèriko
Télésiège	*el telesilla*	tèlèsiya
Téléski	*el telesquì*	tèlèski
Température	*la temperatura*	tèmpèratoura
Tempête	*una tormenta*	tormènnta
Tente	*una tienda*	tiènnda
Torrent	*un torrente*	torrènntè
Traîneau	*un trineo*	trinèo
Tremplin	*un trampolín*	trampolinn
Vallée	*el valle*	vayè
Varappe	*el escalamiento*	èskalamiènnto

Sports nautiques • pêche

deportes náuticos • pesca
déportéss naoutikoss • péska

Vocabulaire		
Accastillage	*la obra muerta*	obra mouėrta
Amarrer	*amarrar*	amarrar
Anneau	*una argolla*	argoya
Appât	*el cebo*	çėbo
Articles de pêche	*los artículos de pesca*	artikouloss dė pėska
BAIGNADE INTERDITE	*PROHIBIDO BAÑARSE*	proïbido bagnarsė
Barque	*una barca*	barka
	(AmL : un bote)	botė
Barre (direction)	*el timón*	timonn
– (vagues)	*el rompeolas*	rrompėolass
Bassin	*una dársena*	darsėna
Bateau à moteur	*una motora (AmL : una lancha a motor)*	motora lanntcha a motor
– à rames	*un bote de remos*	botė dė rrėmoss
– à voiles	*un velero*	vėlėro
Bottes	*las botas*	botass
Bouée	*el salvavidas*	salvavidass
Brasse	*la braza*	braça
Cabine	*un camarote*	kamarotė
Canne à pêche	*una caña de pescar*	kagna dė pėskar
Canoë	*una canoa*	kanoa
Canot	*un bote, una lancha*	botė, lanntcha
Ceinture (plombs)	*un cinturón (plomo)*	çinntouronn (plomo)
– de sauvetage	*– – salvavidas*	– salvavidass
Courant	*la corriente*	korriėnntė
Crawl	*el crol*	krol
Croisière	*un crucero*	krouçėro
DANGER	*PELIGRO*	pėligro
Dérive	*la deriva*	dėriva
Eau (point d')	*un punto de agua*	pounnto dė agoua
Embarcadère	*el embarcadero*	ėmbarkadėro
Étang	*una laguna*	lagouna

Filet	*una red*	rrèd
Flèche	*una flecha*	flètcha
Flotteur	*un flotador*	flotador
Foc	*un foque*	fokè
Fusil	*un fusil*	foussil
Hameçon	*un anzuelo*	annçouèlo
Harpon	*un harpón*	arponn
Hélice	*una hélice*	èliçè
Hors-bord	*un fuera de borda*	fouèra dè borda
Lac	*un lago*	lago
Ligne	*un sedal*	sèdal
Louer	*alquilar, arrendar*	alkilar, arrènndar
Maillot de bain	*un traje de baño*	tra'rhè dè bagno
Maître nageur	*un bañero (AmL : un profesor de natación)*	bagnèro professor dè nataçionn
Marée basse	*la marea baja*	marèa ba'rha
– haute	*– – alta*	– alta
Masque	*una máscara*	maskara
Mât	*el mástil*	mastil
– pneumatique	*– – inflable*	– innflablè
Mer	*el mar*	mar
Moniteur	*un monitor*	monitor
Mordre (poisson)	*morder, picar*	mordèr, pikar
Mouillage	*el fondeo*	fonndèo
Moulinet	*un carrete*	karrètè
Nage libre	*el estilo libre*	èstilo librè
– sur le dos	*– – espaldas*	– èspaldass
Nager	*nadar*	nadar
Natation	*la natación*	nataçionn
Palmes	*las aletas*	alètass
PÊCHE INTERDITE	*PROHIBIDA LA PESCA*	proïbida la pèska
Permis de pêche	*la licencia de pesca*	liçènnçia dè pèska
Pied (avoir)	*hacer (tener) pie*	açèr (tènèr) piè
Piscine chauffée	*una piscina calentada*	piçina kalènntada
– à ciel ouvert	*– – descubierta*	– dèskoubièrta
– couverte	*– – cubierta*	– koubièrta
Plage	*una playa*	playa
Planche à voile	*una tabla de vela*	tabla dè vèla
– de surf	*– – de surf*	– dè seurf

Plombs	*los plomos*	plomoss
Plongée (bouteille)	*el submarinismo con oxígeno*	soubmarinismo konn oksi'rhèno
– libre	*– – libre (AmL : el buceo)*	– librė bouçėo
Plongeon	*una zambullida*	çambouyida
Poisson (vivant)	*un pez*	pėç
Poisson (pêché)	*un pescado*	pėskado
Pont	*un puente*	pouėnntė
Pont du bateau	*la cubierta*	koubiėrta
Quille	*la quilla*	kiya
Rames	*los remos*	rrėmoss
Rive	*la orilla*	oriya
Rivière	*un río*	rrio
Sable	*la arena*	arėna
Safran (gouvernail)	*el azafrán*	açafrann
Secours	*el socorro*	sokorro
Ski nautique	*el esquí acuático*	ėski akouatiko
Station balnéaire	*un balneario*	balnėario
Suroît	*un sueste*	souėstė
Température	*la temperatura*	tėmpėratoura
Tempête	*una tormenta*	tormėnnta
Tuba	*un tubo respiratorio*	toubo rrėspiratorio
Vague	*una ola*	ola
Vent	*el viento*	viėnnto
Voile	*la vela*	vėla
Yacht	*un yate*	yatė

Tennis

tenis
téniss

Vocabulaire		
Balle	*la pelota*	pėlota
Chaussures de tennis	*las zapatillas de tenis*	çapatiyass dė tėniss
Classement	*la clasificación*	klassifikaçionn

Couloir	*la banda*	bannda
Coup droit	*un derechazo, tiro recto*	dèrètchaço, tiro rrèkto
Court de tennis	*una pista de tenis (AmL : una cancha de tenis)*	pista dè tèniss kanntcha dè tèniss
Double	*los dobles*	doblèss
Faute	*una falta*	falta
Filet	*la red*	rrèd
Jeu	*el juego*	rhouègo
Jouer au tennis	*jugar tenis*	rhougar tèniss
Leçon	*una lección, clase*	lèkçionn, klassè
Match	*un partido*	partido
Match nul	*un empate*	èmpatè
Partenaire	*el compañero de juego*	kompagnèro dè rhouègo
Raquette	*la raqueta*	rrakèta
Revers	*un golpe de revés*	golpè dè rrèvèss
Service	*el servicio*	sèrviçio
Short	*un short*	short
Simple	*un simple*	simplè
Smash	*un smash (AmL : un remache)*	smatch rrèmatchè
Tension des cordes	*la tensión de las cuerdas*	tènnsionn dè lass kouèrdass
Volée	*la volea*	volèa

Visites touristiques • musées • sites

visitas turísticas • museos • sitios
vissitass touristikass • mousséoss • sitioss

Où se trouve l'Office du tourisme ?

¿Dónde se encuentra la Oficina de turismo?
¿donndè sè ènnkouènntra la oficina dè tourismo?

Le **circuit** des châteaux prévoit-il les sites naturels ?

¿El circuito de los castillos comprende la visita de los sitios naturales?
¿ėl çirkouito dė loss kastiyoss komprėnndė la vissita dė loss sitioss natouralėss?

Combien coûte la visite ?

¿Cuánto cuesta la visita?
¿kouannto kouėsta la vissita?

De quelle **époque** date-t-elle (il) ?

¿De qué época es?
¿dė kė ėpoka ėss?

Est-ce que le **guide** parle français ?

¿Habla francés el guía?
¿abla frannçėss ėl guia?

Quelles sont les **heures d'ouverture** ?

¿A qué horas está abierto?
¿a kė orass ėsta abiėrto?

Quels sont les **lieux visités** au cours du circuit ?

¿Qué lugares se visitan durante el circuito?
¿kė lougarėss sė vissitann dourannté ėl çirkouito?

Peut-on prendre des **photos** ?

¿Se pueden sacar fotos?
¿sė pouėdėnn sakar fotoss?

Avez-vous un **plan** de la ville... des environs ?

¿Tiene usted un plano de la ciudad... de los alrededores?
¿tiėnė oustėd ounn plano dė la çioudad... dė loss alrrėdėdorėss?

Quelle (quel) est cette église... ce monument... ce tableau ?

¿Qué iglesia es ésta... monumento (éste)... cuadro (éste)?
¿kė iglėssia ėss ėsta... monoumėnnto (ėstė)... kouadro (ėstė)?

Combien de **temps** dure la visite ?

¿Cuánto tiempo dura la visita?
¿kouannto tiėmpo doura la vissita?

Où se **trouve** le musée... la cathédrale... le monastère... l'exposition ?

¿Dónde se encuentra el museo... la catedral... el monasterio... la exposición?
¿donndė sė ėnnkouėnntra ėl moussėo... la katėdral... el monastėrio... la ėksposssiçionn?

Y a-t-il une **visite organisée** ?

¿Hay algún recorrido organizado?
¿aï algounn rrėkorrido organiçado?

Je **voudrais visiter** la vieille ville... le port.

Quisiera visitar la ciudad vieja... el puerto.
kissiėra vissitar la çioudad viė'rha... ėl pouėrto.

Vocabulaire		
Abbaye	*una abadía*	abadia
Abside	*un ábside*	absidė
Ancien	*antiguo*	anntigouo
Baroque	*barroco*	barroko
Bâtiment	*un edificio*	ėdifiçio
Bibliothèque	*una biblioteca*	bibliotėka

Billet	*una entrada (AmL : un boleto)*	ènntrada bolèto
Cathédrale	*la catedral*	katèdral
Centre ville	*el centro*	çènntro
Cimetière	*el cementerio*	çèmènntèrio
Circuit	*un circuito*	çirkouito
Colonne	*una columna*	koloumna
Croix	*una cruz*	krouç
Crypte	*la cripta*	kripta
Dôme	*la cúpula*	koupoula
Douves	*los fosos*	fossoss
Église	*una iglesia*	iglèssia
ENTRÉE	*ENTRADA*	ènntrada
ENTRÉE LIBRE	*ENTRADA LIBRE*	ènntrada librè
Environs	*los alrededores*	alrrèdèdorèss
Exposition	*una exposición*	èkspossiçionn
Façade	*la fachada*	fatchada
Fontaine	*una fuente*	fouènntè
Fort	*un fuerte*	fouèrtè
Gothique	*gótico*	gotiko
Gratte-ciel	*un rascacielos*	rraskaçièloss
Guide	*un guía*	guia
Hôtel de ville	*el Ayuntamiento (AmL : la Municipalidad)*	ayounntamiènnto mouniçipalidad
Jardin	*un jardín*	rhardinn
– botanique	*– – botánico*	– botaniko
– zoologique	*– – zoológico*	– çoolo'rhiko
Marché	*un mercado*	mèrkado
Monastère	*un monasterio*	monastèrio
Monument	*un monumento*	monoumènnto
Moyen Âge (le)	*la Edad Media*	èdad mèdia
Musée	*un museo*	moussèo
Nef	*la nave*	navè
Palais	*un palacio*	palaçio
Parc	*un parque*	parkè
Peintre	*un pintor*	pinntor
Peinture	*una pintura, un cuadro*	pinntoura, kouadro
Pilier	*un pilar*	pilar
Place	*una plaza*	plaça

Pont	*un puente*	pouènntè
Port	*un puerto*	pouèrto
Remparts	*las murallas*	mourayass
Renaissance (la)	*el Renacimiento*	rrènaçimiènnto
Roman	*románico*	romaniko
Rosace	*una rosácea*	rrossaçèa
Ruelle	*una callejuela*	kayè'rhouèla
Ruines	*unas ruinas*	rrouinass
Salle	*una sala*	sala
Sculpteur	*un escultor*	èskoultor
Sculpture	*una escultura*	èskoultoura
Siècle	*un siglo*	siglo
Style	*el estilo*	èstilo
Tableau	*un cuadro*	kouadro
Tour	*una vuelta*	vouèlta
Vieille ville	*la ciudad vieja*	çioudad viè'rha
Visite	*una visita*	vissita
– guidée	*un recorrido con guía*	rrèkorrido konn guia

N.d.T. : Les adjectifs n'apparaissent qu'au masculin. En règle générale, pour trouver la forme du féminin, il suffit de remplacer le « o » final par un « a » (*ex. :* contento – contenta) ou d'ajouter un « a » aux adjectifs de nationalité qui se terminent par une consonne (*ex. :* español – española). Beaucoup de noms qui apparaissent au masculin suivent la même règle (*ex. :* inspector – inspectora). Les noms et adjectifs ayant une autre terminaison restent invariables (*ex. :* azul, increíble, real). Quand un mot qui peut être verbe et nom en même temps (*ex. :* pouvoir) est traduit par un seul mot, cela veut dire que la traduction a la même valeur que le mot français (*ex. :* poder = pouvoir [verbe et nom]).

Dictionnaire

À *en.*
Abaisser *rebajar.*
Abandonner *abandonar.*
Abbaye *abadía.*
Abcès *flemón* (AmL : *absceso*).
Abeille *abeja.*
Abîmer *estropear* (AmL : *echar a perder*).
Abonner (s') *abonarse.*
Abord (d') *en primer lugar.*
Abri *protección, refugio.*
Abriter (s') *abrigarse, protegerse, refugiarse.*
Absent *ausente.*
Absolument *absolutamente.*
Abstenir (s') *abstenerse.*
Absurde *absurdo.*
Abus *abuso.*
Abuser *abusar.*
Accélérer *acelerar.*
Accent *acento.*
Accepter *aceptar.*
Accessoire *accesorio.*
Accident *accidente.*
Accompagner *acompañar.*
Accord *acuerdo.*
(D'accord : *de acuerdo.*)
Accrocher *enganchar, colgar.*
Accueil *acogida, recepción.*
Achat *compra.*
Acheter *comprar.*
Acompte *anticipo.*
Acquérir *adquirir.*
Action *acción.*
Activité *actividad.*
Actuellement *actualmente.*
Addition *cuenta,* (math.) *suma.*
Adieu *adiós.*
Admettre *admitir.*
Administrateur *administrador.*
Admirer *admirar.*
Adresse *dirección.*
Adresser *dirigir.*
Adroit *hábil.*
Adulte *adulto.*
Adversaire *adversario.*
Aération *aeración.*
Aéroport *aeropuerto.*
Affaiblir *debilitar.*
Affaire *negocio.*
Affranchir (lettres) *franquear.*
Affreux *horrible.*
Âge *edad.*
Agence *agencia.*
Agent *agente.*
Aggravation *empeoramiento.*
Agir *actuar.*
Agrandir *ampliar.*
Agréable *agradable.*
Agrément *agrado, recreo.*
Aide *ayuda.*
Aigre *amargo.*
Aiguille *aguja.*
Ailleurs *en otra parte.*
Aimable *amable.*
Aimer (quelqu'un) *querer ;* (quelque chose) *gustarle.* **ex. :** j'aime voyager *me gusta viajar.*
Aîné *mayor.*
Ainsi *así.*
Air *aire.*
Ajouter *añadir, agregar.*

Alcool *alcohol.*
Alentour *alrededor.*
Aliment *alimento.*
Aliter (s') *guardar cama.*
Aller *ir.*
Aller et retour *ida y vuelta.*
Allonger (un vêtement) *alargar.*
Allumer *encender.*
Alors *entonces.*
Altitude *altura.*
Amabilité *amabilidad.*
Ambassade *embajada.*
Ambulance *ambulancia.*
Améliorer *mejorar.*
Amener *traer.*
Amer *amargo.*
Américain *americano.*
Amérique *América.*
Ami *amigo.*
Amour *amor.*
Ampoule *bombilla* (AmL : *ampolleta*).
Amusant *divertido.*
Amuser (s') *divertirse.*
Ancêtre *antepasado.*
Ancien *antiguo.*
Angoisse *angustia.*
Animal *animal.*
Année *año.*
Anniversaire *cumpleaños.*
Annonce *anuncio, aviso.*
Annuler *anular.*
Antalgique *antálgico.*
Antérieur *anterior.*
Antidote *antídoto.*
Antiquaire *anticuario.*
Août *agosto.*
Apercevable *perceptible.*
Apercevoir *percibir, distinguir.*
Apparaître *aparecer.*
Appareil *aparato.*
Appareil photo numérique *cámara digital.*
Appel *llamada.*
Appeler *llamar.*
Appendicite *apendicitis.*
Appétit *apetito* (bon appétit ! *¡buen provecho !*).
Appui *apoyo.*
Appuyer (s') *apoyarse.*
Après *después.*
À propos *a propósito.*
Araignée *araña.*
Arbre *árbol.*
Argent *dinero.*
Argument *argumento.*
Aride *árido.*
Arme *arma.*
Arrêt *parada* (AmL : *paradero*).
Arrêter (s') *parar, detenerse.*
Arrière *la parte de atrás.*
Arrière (à l') *atrás.*
Arriver *llegar.*
Art *arte.*
Ascenseur *ascensor.*
Asseoir (s') *sentarse.*
Assez *bastante.*
Assiette *plato.*
Assis *sentado.*
Assurance *seguro.*
Attaque *ataque.*
Atteindre *alcanzar.*
Attendre *esperar.*
Attente *espera.*
Atterrir *aterrizar.*
Attestation *certificado.*
Attestation d'assurance *certificado de seguros.*
Attitude *actitud.*
Auberge *albergue.*
Auberge de jeunesse *albergue juvenil.*
Aucun *ninguno.*
Au-dedans *adentro.*
Au-dehors *afuera.*
Au-delà *más allá.*
Au-dessous *debajo.*
Au-dessus *encima.*
Au-devant *adelante.*
Augmentation *aumento.*
Aujourd'hui *hoy.*
Auparavant *antes.*
Aussi *también.*
Aussitôt *en seguida.*
Autant que *tanto como.*
Authentique *auténtico.*
Auto *auto.*
Autobus *autobús.*
Automne *otoño.*
Autoriser *autorizar.*
Autorité *autoridad.*
Autoroute *autopista.*
Autour *alrededor.*
Autre *otro.*

Avalanche *avalancha.*
Avaler *tragar.*
Avance *adelanto.*
Avant *antes.*
Avantageux *ventajoso.*
Avant-hier *antes de ayer.*
Avec *con.*
Avenir *futuro.*
Aventure *aventura.*
Averse *aguacero, chubasco.*
Avertir *avisar.*
Aveugle *ciego.*
Avion *avión.*
Avis *aviso.*
Avocat *abogado.*
Avoir *tener.*
(Il y a : *hay.*)
Avortement *aborto.*
Avril *abril.*

Bâbord *babor.*
Bac *transbordador.*
Bâche *lona.*
Bagage *equipaje.*
Bague *argolla, sortija.*
Baignade *baño.*
Baigneur *bañista.*
Bain *baño.*
Baiser *beso.*
Baisse *baja.*
Baisser (se) *agacharse.*
Balade *paseo, vuelta.*
Balai *escoba.*
Balance *balanza, pesa.*
Balayer *barrer.*
Ballon *balón, globo.*
Balnéaire *balneario.*
Balustrade *balaustrada.*
Banc *banco.*
Bandage *vendaje.*
Banlieue *periferie.*
Banque *banco.*
Barbe *barba.*
Barque *barca.*
Barrage *presa.*
Barre *barra.*
Bas (nom) *media ;*
(adj.) *bajo.*
Baser *basar.*
Bassin *estanque.*
Bas-ventre *bajo vientre.*
Bataille *batalla.*
Bateau *barco.*
Bâtiment *edificio.*
Bâtir *edificar, construir.*
Bâton *palo, varilla.*
Battre *golpear.*
Baume *bálsamo.*
Bavard *hablador, parlanchín.*
Beau *bello, hermoso.*
Beaucoup *mucho(s).*
Beau-fils *yerno.*
Beau-frère *cuñado.*
Beau-père *suegro.*
Beauté *belleza.*
Bébé *bebé, nene.*
Beige *beige.*
Belle-fille *nuera.*
Belle-mère *suegra.*
Belle-sœur *cuñada.*
Belvédère *belvedere, mirador.*
Bénéfice *beneficio.*
Bénévole *benévolo.*
Bénir *bendecir.*
Besoin *necesidad.*
(Avoir besoin : *necesitar.*)
Bétail *ganado.*
Bête (nom) *animal.*
– (adj.) *tonto, estúpido.*
Beurre *mantequilla.*
Bicyclette *bicicleta.*
Bien *bien.*
Bientôt *luego, pronto.*
Bienvenu *bienvenido.*
Bière *cerveza.*
Bifurcation *bifurcación.*
Bijou *joya.*
Bijoutier *joyero.*
Billet (argent) *billete ;*
(voy.) *billete,* (AmL : *pasaje, boleto*) ;
(spec.) *entrada, localidad.*
Bisaïeul *bisabuelo.*
Blanc *blanco.*
Blanchir *blanquear.*
Blanchisserie *lavandería.*
Blé *trigo.*
Blesser *herir.*
Bleu *azul.*
Bobine *carrete, rollo.*
Bœuf *buey.*
Boire *beber, tomar.*
Bois *madera.*
Boisson *bebida.*
Boîte *caja,* (dancing) *boîte.*

Bon *bueno.*
Bonheur *felicidad.*
Bonjour *buenos días.*
Bonne nuit *buenas noches.*
Bonsoir *buenas tardes.*
Bonté *bondad.*
Bord *borde, orilla.*
Bosse (anat.) *joroba ;*
(route) *montículo.*
Bouche *boca.*
Boucherie *carnicería.*
Boucle (cheveux) *bucle, rizo ;*
(ceinture) *hebilla.*
Boudin *morcilla.*
Boue *barro.*
Bouée *salvavidas.*
Bouger *moverse.*
Bougie *vela, bujía.*
Bouillant *hirviendo.*
Boulanger *panadero.*
Boule *bola.*
Bouteille *botella.*
Boutique *tienda.*
Bouton *botón, tecla.*
Bracelet *brazalete, pulsera.*
Bras *brazo.*
Brasserie *cervecería.*
Bref (adj.) *corto.*
Brillant *brillante.*
Broder *bordar.*
Brosse *cepillo.*
Brouillard *niebla.*
Bruit *ruido.*
Brûler *quemar.*
Brume *bruma.*
Brun *moreno.*
Bruyant *ruidoso.*
Bureau *despacho, oficina.*
Bus *bus.*
But *objetivo, finalidad, meta.*
(sport) *gol.*
Buvable *bebible.*

Cabane *cabaña.*
Cabaret *cabaret.*
Cabine *cabina.*
Câble *cable.*
Cacher *esconder.*
Cadeau *regalo.*
Cadenas *candado.*
Cadet *menor.*
Caduc *caduco.*
Cafard *cucaracha.*
Café *café.*
Cahier *cuaderno.*
Caillou *piedra, guijarro.*
Caisse *caja.*
Calcaire *calcáreo.*
Cale *cala, bodega.*
Calendrier *calendario.*
Calmant *calmante.*
Calme *tranquilo.*
Camarade *compañero.*
Caméscope *videocámara.*
Camion *camión.*
Campagne *campo.*
Camper *acampar.*
Camping *camping.*
Canal *canal.*
Canard *pato.*
Cancer *cáncer.*
Canne *bastón.*
Canot *canoa.*
Capable *capaz.*
Capitale *capital.*
Car *autocar.*
Cardiaque *cardiaco.*
Cargaison *carga.*
Carré *cuadrado.*
Carrefour *cruce.*
Carte (géo.) *mapa ;*
– de crédit *tarjeta de crédito ;*
– d'embarquement *tarjeta de embarque ;*
– grise *documentos del coche ;*
– d'identité *cédula de identidad ;*
– postale *tarjeta postal ;*
– de visite *tarjeta de visita.*
Carton *cartón.*
Cas *caso.*
Casse *rotura.*
Casse-croûte *bocadillo.*
Casser *romper, quebrar.*
Casserole *cacerola.*
Cathédrale *catedral.*
Cauchemar *pesadilla.*
Cause *causa,*
(À cause de : *a causa de, por*).
Causer *causar.*
Caution *fianza.*
Cavalier *jinete.*
Ce *este, ese.*
Ceci *esto.*
Cela *eso.*

Célèbre *célebre.*
Célibataire *soltero.*
Celle(s)-ci *ésta(s).*
Celle(s)-là *ésa(s).*
Celui-ci *éste.*
Celui-là *ése.*
Cent *cien.*
Central *central.*
Centre *centro.*
Cependant *sin embargo.*
Cercle *círculo.*
Certain *seguro.*
Certainement *seguramente.*
Certificat *certificado.*
Ces *estos, esos.*
Cet(te) *este (esta), ese (esa).*
Ceux-ci *éstos.*
Ceux-là *ésos.*
Chacun *cada uno.*
Chaîne *cadena.*
Chaise *silla.*
Chalet *chalé.*
Chaleur *calor.*
Chaloupe *chalupa.*
Chambre *habitación* (AmL : *cuarto*).
Chambre d'hôtes *casa de huéspedes.*
Chance *suerte.*
Change *cambio.*
Changement *cambio.*
Changer *cambiar.*
Chanson *canción.*
Chant *canto.*
Chapeau *sombrero.*
Chapelle *capilla.*
Chaque *cada.*
Charbon *carbón.*
Charcutier *salchichero.*
Charge *carga.*
Chariot *carro.*
Chasser *cazar.*
Château *castillo.*
Chaud *caliente.*
Chauffage *calefacción.*
Chauffer *calentar.*
Chauffeur *conductor, chofer.*
Chaussure *zapato.*
Chemin *camino.*
Chemise *camisa.*
Chèque *cheque, talón.*
Cher (prix) *caro.* (affec.) *querido.*
Chercher *buscar.*
Cheval *caballo.*
Cheveux *pelo.*
Chien *perro.*
Chiffon *trapo.*
Chiffre *cifra, número.*
Choc *choque.*
Choisir *elegir, escoger.*
Chose *cosa.*
Chute *caída.*
Ciel *cielo.*
Cigare *cigarro, puro.*
Cigarette *cigarrillo.*
Cimetière *cementerio.*
Cinéma *cine.*
Cintre *percha.*
Cirage *betún, cera.*
Circonstance *circunstancia.*
Circuit *circuito.*
Circulation *circulación, tráfico.*
Ciseaux *tijeras.*
Citoyen *ciudadano.*
Citron *limón.*
Clair *claro.*
Classe *clase.*
Clavicule *clavícula.*
Clef *llave.*
Client *cliente.*
Climat *clima.*
Climatisation (air conditionné) *aire acondicionado.*
Cloche *campana.*
Clocher *campanario.*
Clou *clavo.*
Cochon *cerdo.*
Code *código.*
Code de la route *código de la circulación.*
Cœur *corazón.*
Coiffeur *peluquero.*
Coin *rincón,* (rue) *esquina.*
Col (vêt.) *cuello ;* (géo.) *puerto,* (AmL : *paso*).
Colère *cólera, ira.*
Colis *paquete.*
Collant *leotardo* (AmL : *pantis*).
Colle *cola.*
Collection *colección.*
Collier *collar.*
Colline *colina.*
Collision *colisión, choque.*

Colonne *columna.*
Coloré *colorado.*
Combien *cuánto.*
Comestible *comestible.*
Commandant *comandante.*
Commande *pedido.*
Comme *como.*
Commencement *principio, comienzo.*
Comment *cómo.*
Commode *cómodo.*
Commun *común.*
Communication *comunicación.*
Compagnon *compañero.*
Comparaison *comparación.*
Comparer *comparar.*
Compartiment *compartimiento.*
Compatriote *compatriota.*
Complet *completo, lleno.*
Complètement *completamente.*
Composé *compuesto.*
Composer *componer.*
Comprendre *entender, comprender.*
Comprimé (nom) *pastilla ;* (adj.) *comprimido.*
Compris *incluido.*
Compte bancaire *cuenta bancaria.*
Compter *contar.*
Concerner *concernir.*
Concert *concierto.*
Concierge *conserje, guardia.*
Condition *condición.*
Condoléances *condolencias, pésame.*
Conducteur *conductor.*
Conduire *conducir,* (AmL : *manejar*).
Conduite (morale) *conducta ;* (auto) *conducción,* (AmL : *manejo*).
Conférence *conferencia.*
Confiance *confianza.*
Confirmer *confirmar.*
Confiture *mermelada.*
Confondre *confundir.*
Confort *confort.*
Confortable *confortable, cómodo.*
Congé *feriado.*
Connaissance (personne) *conocido ;* (savoir) *conocimiento, saber.*
Connaître *conocer.*
Consciencieux *serio.*
Conscient *consciente.*
Conseiller *aconsejar.*
Consentir *consentir.*
Conserver *conservar.*
Considérable *considerable.*
Considérer *considerar.*
Consigne *consigna.*
Consommation *consumo.*
Consommer *consumir.*
Constater *constatar, comprobar.*
Constitution *constitución.*
Construire *construir.*
Consulat *consulado.*
Contact *contacto.*
Contenir *contener.*
Content *contento.*
Contenu *contenido.*
Continuer *continuar, seguir.*
Contraceptif *contraceptivo, anticonceptivo.*
Contraire *contrario.* (Au contraire : *al contrario.*)
Contrat *contrato.*
Contre *contra.*
Contrôle *control.*
Contrôleur *revisor* (AmL : *inspector*).
Convaincre *convencer.*
Convaincu *convencido.*
Convenir *convenir.*
Conversation *conversación, charla* (Mex : *plática*).
Coq *gallo.*
Corde *cuerda, soga.*
Cordial *cordial.*
Cordonnier *zapatero.*
Corps *cuerpo.*
Corpulent *corpulento.*
Correct *correcto.*
Correspondance (lettres) *correspondencia ;* (métro) *cambio.* (train) *transbordo.*
Corriger *corregir.*
Costume *traje.*
Côte *costilla.*

Côté *lado,*
(À côté de : *al lado de, junto a.*)
Coton *algodón.*
Cou *cuello.*
Coucher (se) *acostarse.*
Couchette *litera.*
Coude *codo.*
Coudre *coser.*
Couler *correr, gotear.*
Couleur *color.*
Coup *golpe.*
Coupable *culpable.*
Couper *cortar.*
Couple *pareja.*
Coupon *cupón.*
Cour *patio.*
Courant *corriente.*
Courir *correr.*
Courrier *correo.*
Courroie *correa.*
Cours *curso.*
Court *corto.*
Cousin *primo.*
Coût *coste, costo.*
Couteau *cuchillo.*
Coûter *costar.*
Coûteux *costoso, caro.*
Couturier *modisto.*
Couvent *convento.*
Couvert *cubierto.*
Couverture *manta* (Mex : *cobija,* AmL : *frazada*).
Couvrir *cubrir, tapar.*
Cracher *escupir.*
Craindre *temer.*
Crayon *lápiz.*
Crédit *crédito.*
Créer *crear.*
Crème *crema.*
Crier *gritar.*
Critiquer *criticar.*
Croire *creer.*
Croisière *crucero.*
Cru *crudo.*
Cueillir *coger, cosechar* (Mex : *recolectar*).
Cuiller *cuchara.*
Cuir *cuero.*
Cuire *cocer.*
Cuisine *cocina.*
Cuisiner *cocinar.*
Cuisinier *cocinero.*
Cuisinière à gaz *cocina a gas.*
Cuisse *muslo.*
Curé *cura.*
Curieux *curioso.*
Curiosité *curiosidad.*
Cyprès *ciprés.*

Dame *señora, dama.*
Dancing *dancing.*
Danger *peligro.*
Dans *en, dentro de.*
Danse *danza, baile.*
Danser *bailar.*
Date *fecha.*
Davantage *más.*
De *de.*
Débarquement *desembarco.*
Débarquer *desembarcar.*
Débile (mental) *atrasado mental.*
Debout *de pie, parado.*
Débrancher *desenchufar.*
Début *principio.*
(Au début : *al principio.*)
Débuter *iniciar, debutar.*
Décembre *diciembre.*
Décent *decente.*
Décevoir *decepcionar.*
Décharger *descargar.*
Déchirer *rasgar, rajar.*
Décidé *decidido.*
Décider *decidir.*
Décision *decisión.*
Déclaration *declaración.*
Déclarer *declarar.*
Décollage *despegue.*
Décommander *anular, cancelar.*
Décompte *detalle de una cuenta.*
Déconseiller *desaconsejar.*
Découragé *desanimado.*
Découvrir *descubrir.*
Décrire *describir.*
Déçu *decepcionado.*
Dedans *adentro.*
Dédommager *indemnizar.*
Dédouaner *sacar de la aduana.*
Défaire *deshacer.*
(les valises) *abrir las maletas.*
Défaut *defecto.*

Défavorable *desfavorable.*
Défectueux *defectuoso.*
Défendre *defender.*
Définir *definir.*
Dégât *destrozo.*
Dehors *afuera.*
Déjà *ya.*
Déjeuner *almorzar* (Mex : *comer*).
Délai *plazo.*
Délicat *delicado.*
Délit *delito.*
Délivrer *entregar, otorgar.*
Demain *mañana.*
Demande *pedido.*
Démarrer *arrancar, echar a andar.*
Déménager *mudarse, cambiar de casa.*
Demi *medio.*
Démodé *pasado de moda, anticuado.*
Demoiselle *señorita.*
Denrées alimentaires *alimentos.*
Dent *diente.*
Dentelle *encaje.*
Dentifrice *pasta de dientes.*
Dentiste *dentista.*
Départ *partida.*
Dépasser *sobrepasar.*
Dépêcher (se) *darse prisa.*
Dépense *gasto.*
Dépenser *gastar.*
Déplaire *disgustar, no gustar.*
Déplaisant *poco grato, fastidioso.*
Déposer *depositar.*
Depuis *desde.*
Dérangement *avería, trastorno.*
Déranger *molestar.*
Dérégler *descomponer, desajustar.*
Dernier *último.*
Derrière *detrás.*
Dès que *en cuanto.*
Désagréable *desagradable.*
Descendre *bajar.*
Descente *bajada.*
Description *descripción.*
Désert *desierto.*
Désespéré *desesperado.*
Déshabiller *desvestir.*
Désinfecter *desinfectar.*
Désirer *desear.*
Désordre *desorden.*
Dessiner *dibujar.*
Dessous *debajo.*
Dessus *encima.*
Destinataire *destinatario.*
Destination *destino.*
Détachant *quitamanchas.*
Détail *detalle.*
Détour *vuelta, rodeo.*
Détruire *destruir.*
Dette *deuda.*
Deuxième *segundo.*
Devant *adelante.*
Développement *desarrollo.*
Développer *desarrollar.*
Devenir *transformarse, volverse.*
Déviation *desviación.*
Deviner *adivinar.*
Devises *divisas.*
Devoir *deber.*
Diarrhée *diarrea.*
Dictionnaire *diccionario.*
Dieu *Dios.*
Différence *diferencia.*
Différent *diferente.*
Différer *diferir.*
Difficile *difícil.*
Difficulté *dificultad.*
Dimanche *domingo.*
Diminuer *disminuir.*
Dîner *cenar.*
Dire *decir.*
Directement *directamente.*
Directeur *director.*
Direction *dirección.*
Disparaître *desaparecer.*
Disponible *disponible.*
Distance *distancia.*
Distingué *distinguido.*
Distinguer *distinguir.*
Distraction *distracción.*
Distraire (se) *distraerse.*
Distributeur de billets *cajera autómatica.*
Divers *diverso.*
Divertissant *divertido, entretenido.*
Diviser *dividir.*

Dix *diez.*
Dizaine *decena.*
Docteur *doctor.*
Document *documento.*
Doigt *dedo.*
Domaine *dominio.*
Domicile *domicilio.*
Dommage (quel) *¡qué lástima !*
Donc *por lo tanto.*
Donner *dar.*
Dont *cuyo (a, os, as), del cual, de la cual, de los cuales, de las cuales.*
Dormir *dormir.*
Dos *espalda.*
Douane *aduana.*
Douanier *aduanero.*
Double *doble.*
Doubler *doblar ;* (route) *sobrepasar.*
Doucement *despacio, lentamente.*
Douche *ducha.*
Douleur *dolor.*
Douloureux *doloroso.*
Doute *duda.*
Douteux *dudoso.*
Doux *suave.*
Douzaine *docena.*
Drap *sábana.*
Droit (nom) *derecho ;* (adj.) *derecho, recto.* (À droite : *a la derecha.*)
Dune *duna.*
Dur *duro.*
Durée *duración.*
Durer *durar.*
Dureté *dureza.*

Eau *agua.*
Écart *distancia, diferencia.*
Échanger *intercambiar, cambiar.*
Échantillon *muestra.*
Échelle *escala.*
Éclair *rayo.*
Éclairer *aclarar.*
École *escuela.*
Économiser *economizar.*
Écouter *escuchar.*
Écouteur *auricular,* (AmL : *audífono*).
Écrire *escribir.*
Édifice *edificio.*
Éducation *educación.*
Effet *efecto.*
Efficace *eficaz.*
Efforcer (s') *esforzarse.*
Effort *esfuerzo.*
Effrayer (s') *asustarse.*
Égal *igual, lo mismo.* (Cela m'est égal : *me da lo mismo.*)
Égarer *perder.*
Église *iglesia.*
Élections *elecciones.*
Éloigné *alejado.*
Emballage *embalaje.*
Embrasser *besar, abrazar.*
Émission *emisión.*
Emmener *llevar.*
Empêcher *impedir.*
Empire *imperio.*
Emploi *empleo.*
Employé *empleado.*
Employer *emplear, usar.*
Emporter *llevar.*
Emprunter *pedir prestado.*
Ému *emocionado.*
Encore *todavía.*
Endommager *dañar, estropear.*
Endormir (s') *dormirse.*
Endroit *lugar.*
Enfant *niño.*
Enfin *por fin.*
Enflammer *inflamar.*
Enflure *hinchazón.*
Enlever *sacar, retirar.*
Ennuyeux *aburrido, molesto.*
Enseigner *enseñar.*
Ensemble (nom) *conjunto ;* (adv.) *juntos (as).*
Ensuite *en seguida.*
Entendre *oír.*
Enthousiasme *entusiasmo.*
Entier *entero.*
Entracte *entreacto, intermedio.*
Entraider *ayudar.*
Entre *entre.*
Entrée *entrada.*
Entreprise *empresa.*
Entrer *entrar.*
Enveloppe *sobre.*

Envers (nom) *reverso ;* (prép.) *para, con.* (À l'envers : *al revés.*)
Environ *alrededor de, más o menos.*
Environs *alrededores.*
Envoyer *enviar, mandar.*
Épais *espeso.*
Épaule *hombro.*
Épeler *deletrear.*
Épice *especia, condimento.*
Épicerie *tienda de comestibles.*
Épidémie *epidemia.*
Épingle *alfiler.*
Époque *época.*
Épouvantable *espantoso.*
Époux *esposo.*
Épuisé *agotado.*
Équipage *tripulación.*
Équipe *equipo.*
Équipement *equipamiento.*
Équiper *equipar.*
Équitation *equitación.*
Équivalent *equivalente.*
Erreur *error.*
Escalade *escalada.*
Escale *escala.*
Escalier *escalera.*
Escroquerie *estafa.*
Espace *espacio.*
Espèces *dinero efectivo.*
Espérer *esperar.*
Essayer *probar, tratar.*
Essence *gasolina,* (AmL : *bencina, nafta.*)
Est *este.*
Estimer *estimar.*
Estomac *estómago.*
Et *y.*
Étage *piso.*
État *estado.*
État des routes *estado de las carreteras.*
Été *verano.*
Éteindre *apagar.*
Étendre (s') *extenderse, tenderse.*
Étoile *estrella.*
Étonner (s') *extrañarse.*
Étranger *extranjero.*
Être *ser, estar.*
Étroit *estrecho.*
Étude *estudio.*
Étudier *estudiar.*
Européen *europeo.*
Évaluer *evaluar.*
Évanouir (s') *desmayarse.*
Événement *acontecimiento.*
Éventuellement *eventualmente.*
Évident *evidente.*
Éviter *evitar.*
Exact *exacto.*
Examiner *examinar.*
Excédent *excedente.*
Excellent *excelente.*
Exception *excepción.*
Excès de vitesse *exceso de velocidad.*
Excursion *excursión.*
Excuse *excusa.*
Excuser (s') *disculparse, excusarse.*
Exemple *ejemplo.*
Exercer (s') *ejercitarse.*
Exercice *ejercicio.*
Expédition (voy.) *expedición ;* (envoi) *despacho.*
Expérience *experiencia.*
Expirer *expirar.*
Expliquer *explicar.*
Exportation *exportación.*
Exposition *exposición.*
Exprès *expresamente, a propósito.*
Express *expreso.*
Extérieur *exterior.* (À l'extérieur : *en el exterior.*)
Extincteur *extinguidor.*
Extraordinaire *extraordinario.*

Fabriqué à *hecho en.*
Face *cara, faz, frente.* (En face de : *frente a.*)
Fâché *enfadado,* (AmL : *enojado.*)
Fâcheux *molesto, fastidioso.*
Facile *fácil.*
Facilité *facilidad.*
Façon *manera.*
Facteur *cartero.*
Facture *factura.*
Faible *débil.*
Faim *hambre.*

Faire *hacer,*
(Faire attention : *tener cuidado*),
(Faire demi-tour : *dar media vuelta*),
(Faire marche arrière : *retroceder*).
Fait *hecho.*
Falloir *ser necesario, precisar,*
(Il faut : *es necesario, se precisa*).
Famille *familia.*
Fatigant *cansador.*
Fatiguer (se) *cansarse.*
Faute *falta, culpa.*
Faux *falso.*
Faveur *favor.*
Féliciter *felicitar.*
Féminin *femenino.*
Femme *mujer.*
Fenêtre *ventana.*
Fer *hierro.*
Férié *feriado.*
Ferme (nom) *granja, finca* (AmL : *hacienda*).
(adj.) *firme, consistente.*
Fermé *cerrado.*
Fermer *cerrar.*
Fermeture *cierre.*
Féroce *feroz.*
Ferroviaire *ferroviario.*
Fête *fiesta.*
Fêter *festejar, celebrar.*
Feu *fuego.*
Feuille *hoja.*
Feux de signalisation *semáforo.*
Février *febrero.*
Fiancé *novio.*
Ficelle *cuerda, soga.*
Fièvre *fiebre.*
Fil *hilo.*
Filet (pêche) *red.*
Fille *hija, niña, chica.*
Film *película.*
Firme *firma.*
Fixer *fijar.*
Flamme *llama.*
Fleur *flor.*
Fleurir *florecer.*
Fleuve *río.*
Foi *fé.*
Foie *hígado.*
Foire *feria.*
Fois *vez.*
Fonctionnaire *funcionario.*
Fonctionner *funcionar.*
Fond *fondo.*
Force *fuerza.*
Forêt *bosque,* (forêt vierge) *selva virgen.*
Formation *formación.*
Forme *forma.*
Former *formar.*
Formidable *formidable.*
Formulaire *formulario.*
Fort *fuerte.*
Fou *loco.*
Foulard *pañuelo para el cuello.*
Foule *muchedumbre, gentío.*
Fourchette *tenedor.*
Fournir *abastecer, dar.*
Fourrière *depósito.*
Fourrure *piel.*
Fragile *frágil.*
Frais *fresco.*
Français *francés.*
Frapper *golpear.*
Fraude *fraude.*
Frein *freno.*
Fréquent *frecuente.*
Frère *hermano.*
Frire *freír.*
Froid *frío.*
Fromage *queso.*
Frontière *frontera.*
Frotter *frotar.*
Fruit *fruta.*
Fruits de mer *mariscos.*
Fuite *escape.*
Fumé *ahumado.*
Fumée *humo.*
Fumer *fumar.*
Funiculaire *funicular.*
Furieux *furioso.*
Fusible *fusible.*
Fusil *escopeta.*
Futur *futuro.*

Gagner *ganar.*
Gai *alegre.*
Gain *ganancia.*
Galerie *galería.*
Gant *guante.*
Garage *garaje.*

Garantie *garantía.*
Garçon *chico, muchacho.*
Garder *guardar, mantener.*
Gardien *guardia.*
Gare *estación.*
Garer (se) *aparcar, estacionar.*
Gasoil *gasóleo.*
Gaspiller *gastar, malgastar.*
Gastro-entérite *gastroenteritis.*
Gâteau *pastel.*
Gauche *izquierda.*
(À gauche : *a la izquierda.*)
Gaz *gas.*
Gazeux *gaseoso.*
Geler *helar.*
Général *general.*
Gens *gente.*
Gentil *gentil.*
Gérant *administrador, gerente.*
Gibier *caza.*
Glace *hielo.*
Gonfler *inflar.*
Gorge *garganta.*
Goût *gusto.*
Goûter *probar.*
Goutte *gota.*
G.P.S. *G.P.S.*
Grâce à *gracias a.*
Grand *grande.*
Grandeur *grandeza, tamaño.*
Grandir *crecer.*
Grand-mère *abuela.*
Grand-père *abuelo.*
Gras (nom) *gordo, gordura.*
(adj.) *graso, grasoso.*
Gratuit *gratis.*
Grave *grave.*
Grève *huelga.*
Grillé *asado.*
Griller *asar, tostar.*
Grimper *escalar, trepar.*
Grippe *gripe.*
Gris *gris.*
Gros *gordo.*
Grossier *grosero.*
Grossir *engordar.*
Groupe *grupo.*
Guêpe *avispa.*
Guérir *sanar, mejorarse.*
Guichet *ventanilla.*
Guide (pers.) *guía ;*
(livre) *guía.*
Guider *guiar.*

Habiller (s') *vestirse.*
Habitant *habitante.*
Habiter *vivir.*
Habitude *costumbre.*
Habituellement *habitualmente.*
Habituer (s') *acostumbrarse.*
Hacher *picar, moler.*
Hanche *cadera.*
Haricot *judía*
(Mex : *frijol,* AmL : *poroto*).
Hasard *casualidad, azar.*
Hâte *prisa.*
Haut *alto.*
(En haut : *arriba.*)
Hauteur *altura.*
Hebdomadaire
(nom) *semanario ;*
(adj.) *semanal.*
Herbe *hierba.*
Heure *hora.*
Heureux *feliz.*
Heureusement *felizmente, por suerte.*
Hier *ayer.*
Histoire *historia.*
Hiver *invierno.*
Homéopathie *homeopatía.*
Hommage *homenaje.*
Homme *hombre.*
Honnête *honesto, correcto.*
Honneur *honor.*
Honoraires *honorarios.*
Honte *vergüenza.*
(Avoir honte *darle vergüenza, ex :* J'ai honte *me da vergüenza.*)
Hôpital *hospital.*
Horaire *horario.*
Horrible *horrible.*
Hors de *fuera de.*
Hors-d'œuvre *entremés, entrada.*
Hors saison *fuera de estación.*
Hors taxe *libre de impuestos.*
Hospitalité *hospitalidad.*
Hôte *huésped.*
Hôtel *hotel.*
Hôtel de ville *Ayuntamiento*
(AmL : *Municipalidad*).

Hôtesse (de l'air) *azafata.*
Huile *aceite.*
Huître *ostra.*
(Mex : *ostión.*)
Humeur *humor.*
Humide *húmedo.*
Humour *humor.*
Hutte *choza.*

Ici *aquí.*
(AmL : *acá.*)
Idéal *ideal.*
Idée *idea.*
Idiot *idiota.*
Il *él.*
Il y a *hay.*
Île *isla.*
Illégal *ilegal.*
Ils *ellos.*
Image *imagen.*
Imbécile *imbécil.*
Immatriculation *matrícula.*
Immédiat *inmediato.*
Immeuble *inmueble, edificio.*
Immigration *inmigración.*
Immunisé *inmunizado.*
Impasse *calle sin salida.*
Impatient *impaciente.*
Imperméable *impermeable.*
Important *importante.*
Importuner *importunar.*
Impossible *imposible.*
Impôt *impuesto.*
Impression *impresión.*
Imprimer *imprimir.*
Imprudent *imprudente.*
Inadvertance *inadvertencia.*
Inattendu *inesperado.*
Incapable *incapaz.*
Incendie *incendio.*
Incertain *incierto.*
Incident *incidente.*
Inclure *incluir.*
Inclus *incluido.*
Inconfortable *inconfortable.*
Inconnu *desconocido.*
Inconvénient *inconveniente.*
Incroyable *increíble.*
Indécent *indecente.*
Indécis *indeciso.*
Indépendant *independiente.*
Indéterminé *indeterminado.*
Indication *indicación.*
Indice *índice.*
Indigestion *indigestión.*
Indiquer *indicar.*
Indispensable *indispensable.*
Individuel *individual.*
Industrie *industria.*
Inefficace *ineficaz.*
Inévitable *inevitable.*
Infecté *infectado.*
Infectieux *infeccioso.*
Infirme *inválido.*
Infirmière *enfermera.*
Inflammable *inflamable.*
Information *información.*
Informer *informar.*
Injection *inyección.*
Injuste *injusto.*
Innocent *inocente.*
Inoffensif *inofensivo.*
Inondation *inundación.*
Inquiet *inquieto.*
Inscrire *inscribir.*
Insecte *insecto.*
Insecticide *insecticida.*
Insignifiant *insignificante.*
Insister *insistir.*
Insolation *insolación.*
Insomnie *insomnio.*
Installation *instalación.*
Instant *instante.*
Instruction *instrucción.*
Instrument *instrumento.*
Insuffisant *insuficiente.*
Insuline *insulina.*
Insupportable *insoportable.*
Intelligence *inteligencia.*
Intelligent *inteligente.*
Intensif *intensivo.*
Intercontinental *intercontinental.*
Intéressant *interesante.*
Intéresser (s') *interesarse.*
Intérêt *interés.*
Intérieur (à l'– de) *dentro de.*
Intermédiaire *intermediario.*
International *internacional.*
Interprète *intérprete.*
Interroger *interrogar.*
Interrompre *interrumpir.*
Interrupteur *interruptor.*
Interruption *interrupción.*
Intervalle *intervalo.*
Intoxication *intoxicación.*

Inutile *inútil.*
Inventer *inventar.*
Inversement *contrariamente.*
Invitation *invitación.*
Inviter *invitar, convidar.*
Invraisemblable *inverosímil.*
Irrégulier *irregular.*
Irrité *irritado.*
Itinéraire *itinerario.*
Ivre *ebrio, borracho.*

Jadis *en otros tiempos.*
Jaloux *celoso.*
Jamais *nunca, jamás.*
Jambe *pierna.*
Jambon *jamón.*
Janvier *enero.*
Jardin *jardín.*
Jaune *amarillo.*
Je *yo.*
Jetée *malecón.*
Jeter *tirar, botar.*
Jeton *ficha.*
Jeu *juego.*
Jeudi *jueves.*
Jeun (à) *en ayunas.*
Jeune *joven.*
Jeûner *ayunar.*
Jeunesse *juventud.*
Joie *alegría.*
Joindre *juntar.*
Joli *bonito.*
(AmL : *lindo.*)
Jonction *junción.*
Jouer *jugar.*
Jouet *juguete.*
Jour *día.*
Journal *periódico.*
(AmL : *diario.*)
Journée *día, jornada.*
Joyeux *alegre, feliz.*
Juge *juez.*
Juger *juzgar.*
Juillet *julio.*
Juin *junio.*
Jumeau *gemelo.*
Jumelles *prismáticos.*
Jument *yegua.*
Jupe *falda.*
Jurer *jurar.*
Juridique *jurídico.*
Jus *zumo* (AmL : *jugo.*)
Jusque *hasta.*
(Jusqu'à ce que : *hasta que.*)
Juste *justo,* (étroit) *estrecho.*
Justement *justamente.*
Justice *justicia.*
Justifier *justificar.*
Juteux *jugoso.*

Kilogramme *kilógramo.*
Kilomètre *kilómetro.*
Kiosque *kiosco.*
Klaxon *claxon, bocina.*
Là *allí, ahí.*
Là-bas *allá.*
Lac *lago.*
Lacet *lazo, cordón.*
Là-haut *allá arriba.*
Laid *feo.*
Laine *lana.*
Laisser *dejar.*
Laissez-passer *pase, salvo-conducto.*
Lait *leche.*
Lampe *lámpara ;*
(de poche) *linterna.*
Langue *lengua.*
Lapin *conejo.*
Large *ancho.*
Largeur *ancho.*
Lavabo *lavabo.*
Laver *lavar.*
Laverie *lavandería.*
Le, la, les *el, la, los, las.*
Leçon *lección, clase.*
Légal *legal.*
Léger *liviano.*
Légume *verdura,* (sec) *legumbre.*
Lent *lento.*
Lentement *lentamente.*
Lentille *lenteja ;*
(optique) *lente.*
Lésion *lesión.*
Lessive *lavado.*
Lettre *carta.*
Leur, leurs *su, sus.*
Lever (se) *levantarse.*
Levier *palanca.*
Lèvre *labio.*
Libre *libre.*
Licence *licencia, permiso, carné.*
Licite *lícito.*
Lier *ligar, unir.*

Lieu *lugar.*
(Avoir lieu : *ocurrir, tener lugar.*)
Ligne *línea ;* (pêche) *caña de pescar.*
Linge *ropa.*
Liquide *líquido.*
Lire *leer.*
Liste *lista.*
Lit *cama.*
Litige *litigio.*
Litre *litro.*
Livre *libro.*
Localité *localidad.*
Locataire *arrendatario.*
Location *alquiler*
(AmL : *arriendo*).
Loge (théâtre) *palco.*
Loi *ley.*
Loin *lejos.*
Loisir *tiempo libre, distracción.*
Long *largo.*
Longueur *largo.*
Lotion *loción.*
Louer *alquilar, arrendar.*
Lourd *pesado.*
Loyer *alquiler, arriendo.*
Lui *él.*
Lumière *luz.*
Lumineux *luminoso.*
Lundi *lunes.*
Lune *luna.*
Lunettes *gafas ;*
(AmL : *anteojos*).
Luxe *lujo.*
Luxueux *lujoso.*

Mâchoire *mandíbula.*
Madame *Señora.*
Mademoiselle *Señorita.*
Magasin *tienda.*
(Grand magasin : *almacén.*)
Magnifique *magnífico.*
Mai *Mayo.*
Maigre *flaco, delgado.*
Maigrir *adelgazar.*
Maillot de bain *traje de baño.*
Main *mano.*
Maintenant *ahora.*
Mairie *ayuntamiento*
(AmL : *Municipalidad, Alcaldía*).
Maïs *maíz.*
Maison *casa.*
Maître *amo, maestro*
(– d'hôtel : *jefe de comedor*).
Malade *malo, enfermo.*
Mâle *macho.*
Malheureusement *desgraciadamente.*
Malheureux *desgraciado.*
Malhonnête *deshonesto, incorrecto.*
Malsain *malsano.*
Manche (vêt.) *manga.*
Manger *comer.*
Manière *manera, forma.*
Manifestation *manifestación.*
Manque *falta.*
Manquer *faltar.*
Manteau *abrigo.*
Manucure *manicura.*
Manuel (de conversation) *manual.*
Maquillage *maquillaje.*
Marchand *comerciante.*
Marchander *regatear.*
Marchandise *mercadería.*
Marcher *caminar, andar.*
Mardi *martes.*
Marée (basse) *marea baja ;* (haute) *marea alta.*
Mari *marido.*
Mariage *matrimonio, boda.*
Marié *casado.*
Marier (se) *casarse.*
Marin *marino.*
Marine *marina.*
Maroquinerie *marroquinería.*
Marque *marca.*
Marraine *madrina.*
Marron *marrón, café.*
Mars *marzo.*
Marteau *martillo.*
Masculin *masculino.*
Masque *máscara.*
Massage *masaje.*
Match *partido.*
Matelas *colchón.*
Matériel *material.*
Matin *mañana.*
Mauvais *malo.*
Maximum *máximo.*
Mécanicien *mecánico.*
Mécanisme *mecanismo.*

Méchant *malo.*
Mécontent *descontento.*
Médecin *médico.*
Médical *médico.*
Médicament *medicina, remedio.*
Médiocre *mediocre.*
Méfier (se) *desconfiar.*
Meilleur *mejor.*
Mélange *mezcla.*
Mélanger *mezclar.*
Membre *miembro.*
Même *mismo.*
Mensonge *mentira.*
Mensuel *mensual.*
Mentir *mentir.*
Mercredi *miércoles.*
Mère *madre.*
Merveilleux *maravilloso.*
Message *mensaje.*
Messe *misa.*
Mesure *medida.*
Mesurer *medir.*
Métal *metal.*
Météorologie *meteorología.*
Mètre *metro.*
Métro *metro* (Arg : *subte*).
Mettre *poner.*
Meuble *mueble.*
Meublé *amueblado, amoblado.*
Meurtre *homicidio.*
Microbe *microbio.*
Midi *mediodía.*
Mieux *mejor.*
Migraine *jaqueca.*
Milieu *medio.*
(Au milieu de : *en medio de*).
Mille (distance) *milla ;* (nombre) *mil.*
Million *millón.*
Mince *delgado.*
Mine *mina.*
Minimum *mínimo.*
Minuit *medianoche.*
Minute *minuto.*
Miroir *espejo.*
Mode *moda.*
Mode d'emploi *instrucciones.*
Modèle *modelo.*
Moderne *moderno.*
Moi *yo.*
Moins *menos.*
(Au – : *al menos, por lo menos.*)
Mois *mes.*
Moitié *mitad.*
Moment *momento, rato.*
Mon, ma, mes *mi, mis.*
Monastère *monasterio.*
Monde *mundo.*
(Beaucoup de – : *mucha gente.*)
Monnaie *moneda, cambio, sencillo, vuelto.*
Monsieur *Señor.*
Montagne *montaña, sierra.*
Montant *importe, costo.*
Monter *subir.*
Montre *reloj.*
Montrer *enseñar, mostrar.*
Monument *monumento.*
Morceau *trozo.*
Mort (nom) *muerte ;* (adj.) *muerto.*
Mosquée *mezquita.*
Mot *palabra.*
Moteur *motor.*
Moto *moto.*
Mou *blando.*
Mouche *mosca.*
Mouchoir *pañuelo.*
Mouillé *mojado.*
Moule *molde.*
Mourir *morir.*
Moustiquaire *mosquitero.*
Moustique *mosquito* (AmL : *zancudo*).
Moutarde *mostaza.*
Mouton *cordero.*
Mouvement *movimiento.*
Moyen (nom) *medio ;* (adj.) *mediano.*
Mur *muro, pared.*
Mûr *maduro.*
Musée *museo.*
Musique *música.*
Musulman *musulmán.*

Nage *natación.*
Nager *nadar.*
Naissance *nacimiento.*
Naître *nacer.*
Nappe *mantel.*
Natation *natación.*

Nationalité *nacionalidad.*
Nature *naturaleza.*
Naturel *natural.*
Naufrage *naufragio.*
Nausée *náusea.*
Navigation *navegación.*
Navire *nave, barco.*
Nécessaire *necesario.*
Nécessité *necesidad.*
Né *nacido.*
Nef *nave.*
Négatif *negativo.*
Négligent *negligente.*
Neige *nieve.*
Neiger *nevar.*
Nerveux *nervioso.*
N'est-ce pas ? *¿verdad ?* (AmL : *¿no es cierto ?*).
Nettoyer *limpiar.*
Neuf *nuevo.*
Neveu *sobrino.*
Nez *nariz.*
Nièce *sobrina.*
Nier *negar.*
Niveau *nivel.*
Noël *Navidad.*
Nœud *nudo.*
Noir *negro.*
Nom (de famille) *apellido ;* (gramm.) *sustantivo.*
Nombre *número ;* (quantité) *cantidad.*
Nombreux *numeroso.*
Non *no.*
Nord *norte.*
Nord-est *noreste.*
Nord-ouest *noroeste.*
Normal *normal.*
Note *nota.*
Notre, nos *nuestro (a), nuestros (as).*
Nourrissant *alimenticio.*
Nourriture *alimento, comida.*
Nous *nosotros.*
Nouveau *nuevo, novedoso.*
Nouvel An *Año Nuevo.*
Nouvelle (information) *noticia.*
Novembre *noviembre.*
Noyau *hueso, núcleo.*
Noyer *ahogar.*
Nuage *nube.*
Nuisible *perjudicial, dañino.*
Nuit *noche.*
Nulle part *en ninguna parte.*
Numéro *número.*
Numéroter *numerar.*

Objectif *objetivo.*
Objet *objeto.*
Obligation *obligación.*
Obligatoire *obligatorio.*
Obscur *obscuro.*
Observer *observar.*
Obtenir *obtener, conseguir.*
Occasion *ocasión.*
Occupé *ocupado.*
Occuper (s') *ocuparse.*
Océan *océano.*
Octobre *octubre.*
Odeur *olor.*
Œil *ojo.*
Œuf *huevo.*
Œuvre *obra.*
Offense *ofensa.*
Office *oficina, oficio.*
Office du tourisme *oficina de turismo.*
Officiel *oficial.*
Offrir *ofrecer, regalar.*
Oiseau *pájaro.*
Ombre *sombra.*
Omelette *tortilla.*
Omission *omisión, olvido.*
On *se.*
Oncle *tío.*
Ongle *uña.*
Opéra *ópera.*
Opération *operación.*
Opérer *operar.*
Opinion *opinión.*
Opportun *oportuno.*
Opposé *opuesto.*
Opticien *óptico.*
Or *oro.*
Orage *tormenta.*
Orange *naranja.*
Orchestre *orquesta.*
Ordinaire *ordinario.*
Ordinateur *ordenador* (AmL : *computador*).
Ordonnance *receta.*
Ordre *orden.*
Ordure *basura.*
Oreille *oreja.*
Oreiller *almohada.*

Organisation *organización.*
Organiser *organizar.*
Orientation *orientación.*
Orienter (s') *orientarse.*
Originaire *originario.*
Original *original.*
Orteil (gros) *dedo mayor del pie.*
Orthographe *ortografía.*
Os *hueso.*
Oser *atreverse.*
Ôter *quitar, sacar.*
Ou *o.*
Où *dónde.*
Oublier *olvidar.*
Ouest *oeste.*
Oui *sí.*
Outil *herramienta.*
Outre-mer *ultramar.*
Ouvert *abierto.*
Ouvre-boîtes *abrelatas.*
Ouvrir *abrir.*

Pacotille *pacotilla.*
Page *página.*
Paiement *pago.*
Paille *paja.*
Pain *pan.*
Paire *par.*
Paix *paz.*
Palais *palacio.*
Pâle *pálido.*
Palmes (nat.) *aletas.*
Pamplemousse *pomelo* (Mex : *toronja*).
Panier *cesta,* (AmL : *canasto*).
Panne *avería.*
Panneau *cartel, panel.*
Pansement *apósito.*
Pantalon *pantalón.*
Papeterie *papelería.*
Papier *papel.*
Papiers (documents) *documentos.*
Papillon *mariposa.*
Paquebot *barco.*
Pâques *Pascua, Semana Santa.*
Paquet *paquete.*
Par *por.*
Paraître *aparecer.*
Parapluie *paraguas.*
Parasol *parasol.*
Parc *parque.*
Parce que *porque.*
Parcmètre *parquímetro.*
Par-dessus *por encima.*
Pardessus *abrigo.*
Pardon *perdón.*
Pardonner *perdonar.*
Pareil *igual.*
Parent *pariente.*
Parents (les) *padres.*
Paresseux *perezoso.*
Parfait *perfecto.*
Parfum *perfume.*
Pari *apuesta.*
Parier *apostar.*
Parking *parking, estacionamiento.*
Parlement *parlamento.*
Parler *hablar.*
Parmi *entre.*
Parrain *padrino.*
Part *parte.*
Partager *compartir.*
Parti *partido.*
Partie *partido.*
Partir *irse.*
Partout *por (en) todas partes.*
Pas *paso.*
Passage *paso ;*
à niveau *paso a nivel.*
Passager *pasajero.*
Passé *pasado.*
Passeport *pasaporte.*
Passer *pasar.*
Passe-temps *pasatiempo.*
Passionnant *apasionante.*
Pasteur *pastor.*
Pastille *pastilla.*
Pâté *paté.*
Patient *paciente.*
Patienter *esperar.*
Patinage *patinaje.*
Pâtisserie *pastelería.*
Patrie *patria.*
Patron *patrón.*
Paupière *párpado.*
Pause *pausa.*
Pauvre *pobre.*
Payable *pagadero.*
Payer *pagar.*
Pays *país.*
Paysage *paisaje.*

Paysan *campesino.*
Péage *peaje.*
Peau *piel.*
Pêche (fruit) *melocotón ;* (AmL : *durazno*).
(sport) *pesca.*
Pêcher *pescar.*
Pêcheur *pescador.*
Pédicure *pedicuro.*
Peigne *peine, peineta.*
Peindre *pintar.*
Peine *pena, dificultad,* (À peine : *apenas.*)
Peintre *pintor.*
Peinture *pintura.*
Pelle *pala.*
Pellicule (film) *película ;* (cheveux) *caspa.*
Pelote *pelota.*
Pendant *durante.*
Penderie *ropero.*
Pendule *reloj.*
Penser *pensar.*
Pension *pensión.*
Pente *bajada.*
Pentecôte *Pentecostés.*
Pépin *pepita.*
Percolateur *percolador.*
Perdre *perder.*
Père *padre.*
Périmé *caducado* (AmL : *vencido*).
Période *periodo.*
Périphérie *periferie.*
Perle *perla.*
Permanent *permanente.*
Permettre *permitir.*
Permis de conduire *carné de conducir.*
Permission *permiso, autorización.*
Personne *persona.*
Personne (nég.) *nadie.*
Personnel *personal.*
Persuader *convencer.*
Perte *pérdida.*
Peser *pesar.*
Petit *pequeño, chico.*
Petit déjeuner *desayuno.*
Petits-enfants *nietos.*
Petit(e)-fils (fille) *nieto (a).*
Petit pain *panecillo, pancito.*
Peu *poco.*
Peuple *pueblo.*
Peur *miedo.*
Peut-être *quizás.*
Pharmacie *farmacia.*
Photo *foto.*
Photocopie *fotocopia.*
Photographie *fotografía ;*
en couleur *fotografía en colores ;*
en noir et blanc *fotografía en blanco y negro.*
Photographier *sacar una foto.*
Phrase *frase.*
Pickpocket *ratero.*
Pièce (de monnaie) *moneda ;*
(de rechange) *repuesto ;*
(de théâtre) *obra ;*
(unité) *pieza.*
Pied *pie.*
Piège *trampa.*
Pierre *piedra.*
Piéton *peatón.*
Pile *pila.*
Pilote *piloto.*
Pilule *píldora.*
Pinces (à épiler) *pinzas de depilar ;*
(outil) *alicate ;*
(à linge) *alfileres de la ropa.*
Pinceau *pincel.*
Pipe *pipa.*
Piquant *picante.*
Piquer *picar.*
Piqûre *picadura ;*
(méd.) *inyección.*
Pire *peor.*
Piscine *piscina.*
Piste *pista.*
Pitié *piedad.*
Pittoresque *pintoresco.*
Placard *armario.*
Place (ville) *plaza.*
(spect.) *localidad, entrada.*
Plafond *techo, cielo.*
Plage *playa.*
Plaindre (se) *quejarse.*
Plaine *llanura, llano.*
Plainte *queja, denuncia.*
Plaire *gustar.*
Plaisanterie *broma.*
Plaisir *placer.*

Plan *plano.*
Plancher *piso.*
Plante *planta.*
Plat (nom) *plato ;*
(adj.) *plano, liso.*
Plateau *bandeja.*
Platine (métal) *platino.*
Plein *lleno.*
Pleurer *llorar.*
Pleuvoir *llover.*
Pliant *plegable.*
Plier *doblar, plegar.*
Plomb *plomo.*
Plombage (dent) *empaste*
(AmL : *tapadura*).
Plonger *zambullirse.*
Pluie *lluvia.*
Plume *pluma.*
Plus *más.*
(Plus ou moins : *más o menos.*)
Plusieurs *varios.*
Plutôt *más bien.*
Pneu *neumático.*
Pneumonie *neumonía.*
Poche *bolsillo.*
Poêle (chauffage) *estufa.*
(cuisine) *sartén.*
Poids *peso.*
Poignée *puño ;* (porte) *manilla.*
Point *punto.*
Pointe *punta.*
Pointu *puntiagudo.*
Pointure *número.*
Poire (fruit) *pera.*
Poison *veneno.*
Poisson *pez, pescado.*
Poissonnier *pescadero.*
Poitrine *pecho.*
Poivron *pimiento morrón.*
Poli *educado.*
Police *policía.*
Politesse *urbanidad, cortesía.*
Politique *política.*
Pommade *pomada.*
Pomme *manzana.*
Pompe *bomba.*
Pompier *bombero.*
Pont *puente.*
Populaire *popular.*
Population *población.*
Porc *cerdo.*
Porcelaine *porcelana.*
Port *puerto.*
Portatif *portátil.*
Porte *puerta.*
Porte-clefs *llavero.*
Porte-documents *portadocumentos.*
Portefeuille *cartera*
(AmL : *billetera*).
Portemanteau *percha.*
Porte-monnaie *monedero.*
Porter *llevar.*
Porteur *mozo*
(AmL : *maletero*).
Portier *portero.*
Portion *porción.*
Portrait *retrato.*
Poser *colocar, poner.*
Position *posición.*
Posséder *poseer.*
Possession *posesión.*
Possibilité *posibilidad.*
Possible *posible.*
Poste (emploi) *puesto ;*
(P.T.T.) *Correos ;*
(de radio) *radio.*
Pot *jarro.*
Potable *potable.*
Potage *sopa.*
Poteau *poste.*
Poterie *alfarería*
(AmL : *cerámica*).
Poubelle *basurero.*
Pouce (mesure) *pulgada ;*
(doigt) *pulgar.*
Poudre *polvo.*
Poulet *pollo.*
Poupée *muñeca.*
Pour *para.*
(Pour moi : *para mí*),
(Pour cent : *por ciento*).
Pourboire *propina.*
Pourcentage *porcentaje.*
Pourquoi *porqué.*
Pourri *podrido.*
Pourrir *podrir.*
Pourtant *sin embargo.*
Pousser *empujar.*
Poussière *polvo.*
Pouvoir *poder.*
Pratique (nom) *práctica ;*
(adj.) *práctico.*

Pratiquer *practicar.*
Précaution *precaución.*
Précieux *precioso.*
Précision *precisión.*
Préférence *preferencia.*
Préférer *preferir.*
Premier *primero.*
Premiers secours *primeros auxilios.*
Prendre *tomar.*
Prénom *nombre.*
Préoccupé *preocupado.*
Préparé *preparado.*
Préparer (se) *prepararse.*
Près de *cerca de.*
Présenter *presentar.*
Préservatif *preservativo.*
Presque *casi.*
Pressé *apresurado.*
Presser (se) *darse prisa, apresurarse.*
Prêt *listo.*
Prêter *prestar.*
Prétexte *pretexto.*
Prêtre *sacerdote.*
Preuve *prueba.*
Prévenir *prevenir.*
Prévisions météo *previsiones meteorológicas.*
Prévu *previsto.*
Prier *rogar.*
Prière *oración.*
Prince *príncipe.*
Princesse *princesa.*
Principal *principal.*
Printemps *primavera.*
Prison *cárcel.*
Privé *privado.*
Prix *precio.*
Probabilité *probabilidad.*
Probable *probable.*
Problème *problema.*
Prochain *próximo.*
Prochainement *próximamente.*
Proche *cercano.*
Procuration *poder.*
Procurer *procurar.*
Produire *producir.*
Produit *producto.*
Professeur *profesor.*
Profession *profesión.*
Profond *profundo.*
Programme *programa.*
Progrès *progreso.*
Projet *proyecto.*
Projeter *proyectar.*
Prolonger *prolongar.*
Promenade *paseo, vuelta.*
Promesse *promesa.*
Promettre *prometer.*
Promotion *promoción.*
Promptitude *prontitud.*
Prononcer *pronunciar.*
Prononciation *pronunciación.*
Propos (à) *a propósito.*
Proposer *proponer.*
Proposition *proposición.*
Propre *propio ;* (net) *limpio.*
Propriétaire *propietario, dueño.*
Propriété *propiedad.*
Prospectus *prospecto, folleto.*
Prostituée *prostituta.*
Protection *protección.*
Protestant *protestante.*
Prouver *probar.*
Provisions *provisiones.*
Provisoire *provisorio.*
Proximité *cercanía.*
Prudent *prudente.*
Public *público.*
Publicité *publicidad.*
Puce *pulga.*
Puis *luego, después.*
Puissant *poderoso.*
Puits *pozo.*
Punaise *chinche.*
Pur *puro.*
Pus *pus.*

Quai (port) *muelle ;* (gare) *andén.*
Qualité *calidad.*
Quand *cuándo.*
Quantité *cantidad.*
Quart *cuarto.*
Quartier *barrio.*
Que *que.*
Quel, quelle *cuál.*
Quels, quelles *cuáles.*
Quelque chose *algo.*
Quelque part *en alguna parte.*
Quelquefois *a veces.*
Quelques *algunos (as).*
Quelqu'un *alguien.*
Querelle *querella.*

Qu'est-ce que *qué.*
Question *cuestión ;* (interro.) *pregunta.*
Queue *cola.*
Qui *quién.*
Quiconque *cualquiera.*
Quincaillerie *ferretería.*
Quinine *quinina.*
Quittance *recibo.*
Quitter *dejar, abandonar.*
Quoi *qué.*
Quoique *aunque.*
Quotidien *cotidiano.*

Rabbin *rabino.*
Raccommoder *remendar, zurcir.*
Raccourcir *acortar.*
Raconter *contar.*
Radiateur *radiador.*
Radio *radio.*
Radiographie *radiografía.*
Rafraîchissement *refresco.*
Rage *rabia.*
Raide *tieso.*
Raisin *uva.*
Raison *razón.*
Raisonnable *razonable.*
Ramer *remar.*
Randonnée *excursión.*
Rang *fila.*
Rapide *rápido.*
Rappeler *recordar.*
Raquette *raqueta.*
Rare *escaso.*
Raser (se) *afeitarse.*
Rasoir *máquina de afeitar.*
Rat *rata.*
Ravi *encantado.*
Ravissant *encantador.*
Rayon (magasin) *sección ;* (soleil) *rayo.*
Réalité *realidad.*
Récemment *recientemente, hace poco.*
Récépissé *recibo.*
Réception *recepción.*
Recevoir *recibir.*
Rechange *recambio, repuesto.*
Recharger *cargar.*
Réchaud *cocinilla.*
Recherche *búsqueda ;* (scient.) *investigación.*
Récipient *recipiente.*
Réclamer *reclamar.*
Recommandé (lettre) *certificado.*
Recommander *recomendar.*
Récompense *recompensa.*
Récompenser *recompensar.*
Reconnaissance *reconocimiento, agradecimiento.*
Reconnaître *reconocer.*
Rectangulaire *rectangular.*
Reçu *recibo.*
Recueillir *recoger.*
Réduction *reducción ;* (prix) *rebaja.*
Réel *real.*
Référer (se) *referirse.*
Refuser *rechazar.*
Regard *mirada.*
Regarder *mirar.*
Régime *régimen.*
Région *región.*
Règle *regla.*
Règlement *reglamento.* (paiement) *pago.*
Régler *pagar.*
Regret *pesar.*
Regretter *sentir.*
Régulier *regular.*
Régulièrement *regularmente.*
Reine *reina.*
Réjouir (se) *alegrarse.*
Relation *relación.*
Relier *unir.*
Religieuse *religiosa.*
Religion *religión.*
Remboursement *reembolso.*
Rembourser *reembolsar.*
Remède *remedio.*
Remerciement *agradecimiento.*
Remercier *agradecer.*
Remise *entrega.*
Remorquer *remolcar.*
Remplacer *reemplazar.*
Remplir *llenar.*
Remuer *mover.*
Rencontrer *encontrar.*
Rendez-vous *cita.*
Rendre *devolver.*
Renseignement *información, dato.*

Renseigner (se) *informarse, preguntar.*
Réparation *reparación, arreglo.*
Réparer *arreglar.*
Répartition *repartición.*
Repas *comida.*
Repasser (le linge) *planchar.*
Répéter *repetir.*
Répondeur *contestador.*
Répondre *contestar.*
Réponse *respuesta.*
Repos *descanso.*
Reposer (se) *descansar.*
Représentation *representación.*
Réservation *reserva.*
Réserver *reservar.*
Résoudre *resolver.*
Respecter *respetar.*
Respirer *respirar.*
Responsable *responsable.*
Restaurant *restaurante, restorán.*
Rester *quedarse.*
Résultat *resultado.*
Retard *retraso, atraso.*
Retarder *atrasar, retrasar.*
Retenir *retener.*
Retour *regreso, vuelta.*
Réveil *despertador.*
Réveiller *despertar.*
Revenir *volver.*
Rez-de-chaussée *planta baja.*
Rhumatisme *reumatismo.*
Rhume *resfriado, constipado.*
Riche *rico.*
Richesse *riqueza.*
Rideau *cortina.*
Rien *nada.*
Rire *reír.*
Rivière *río.*
Riz *arroz.*
Robe *vestido.*
Robinet *grifo.*
Rocher *roca.*
Roi *rey.*
Rond *redondo.*
Rond-point *rotonda.*
Rose *rosa.*
Rôti *asado.*
Rôtir *asar.*
Roue *rueda.*
Rouge *rojo.*
Rouler *rodar.*
Route *carretera, camino.*
Royal *real.*
Rue *calle.*
Ruelle *callejuela.*
Ruisseau *arroyo.*
Rupture *ruptura.*
Rusé *astuto.*
Rustique *rústico.*
Rythme *ritmo.*

Sable *arena.*
Sabre *sable.*
Sac *bolso.*
Sachet *bolsa, bolsita.*
Saignant *jugoso.*
Saigner *sangrar.*
Saint *santo.*
Saisir *agarrar.*
Saison (géo.) *estación ;* (spect.) *temporada.*
Salade *ensalada.*
Sale *sucio.*
Saleté *suciedad.*
Salle *sala ;* (à manger) *comedor ;* (d'attente) *sala de espera ;* (de bain) *cuarto de baño.*
Salon *salón.*
Saluer *saludar.*
Salut ! (bonjour) *¡hola !* (au revoir) *¡adiós !*
Samedi *sábado.*
Sandwich *bocadillo* (AmL : *sandwich*).
Sang *sangre.*
Sans *sin.*
Sans fil *inalámbrica.*
Sans plomb *sin plomo.*
Santé *salud.*
Satisfait *satisfecho.*
Sauf *salvo.*
Sauter *saltar.*
Sauvage *salvaje.*
Sauver *salvar.*
Sauvetage *salvamento.*
Savoir *saber.*
Savon *jabón.*
Sec *seco.*
Sécher *secar.*
Seconde *segundo.*
Secouer *sacudir.*
Secourir *socorrer.*

Secours *socorro.*
Secret *secreto.*
Secrétaire *secretaria.*
Sécurité *seguridad.*
Séjour *estancia.*
Séjourner *pasar unos días, quedarse.*
Sel *sal.*
Selon *según.*
Semaine *semana.*
Semelle *suela.*
Sentier *sendero.*
Sentiment *sentimiento.*
Sentir *sentir.*
Séparer *separar.*
Septembre *septiembre.*
Sermon *sermón.*
Serpent *serpiente.*
Serré *apretado.*
Serrure *cerradura.*
Serveur *mozo, camarero.*
Service *servicio.*
Serviette (de toilette) *toalla ;* (de table) *servilleta.*
Servir *servir.*
Seul *solo.*
Seulement *solamente.*
Sexe *sexo.*
Si *si.*
Siècle *siglo.*
Siège *asiento.*
Signal *señal.*
Signaler *señalar.*
Signature *firma.*
Signe *signo.*
Signer *firmar.*
Signification *significación.*
Signifier *significar.*
Silence *silencio.*
Silencieux *silencioso.*
Simple *simple.*
Sincère *sincero.*
Sinon *si no.*
Sirène *sirena.*
Site *sitio, lugar.*
Situation *situación.*
Skier *esquiar.*
Slip *calzoncillo.*
Sobre *sobrio.*
Sœur *hermana.*
Soie *seda.*
Soif *sed.*
Soigner *cuidar.*
Soin *cuidado.*
Soir *tarde, noche.*
Soirée *noche, velada.*
Sol *suelo.*
Soldat *soldado.*
Soldes *saldos, liquidación.*
Soleil *sol.*
Solide *sólido.*
Sombre *sombrío, obscuro.*
Somme *suma.*
Sommeil *sueño.*
Sommet *cumbre.*
Somnifère *somnífero.*
Son, sa, ses *su, sus.*
Son (bruit) *sonido.*
Sonneries *timbres.*
Sonnette *timbre.*
Sorte *tipo.*
Sortie *salida.*
Sortir *salir.*
Souci *preocupación.*
Soudain *de repente.*
Souffle *soplo, aliento.*
Souffrir *sufrir.*
Soulever *levantar.*
Soupe *sopa.*
Sourd *sordo.*
Souris *ratón.*
Sous *bajo.*
Sous-vêtements *ropa interior.*
Soutien *sostén.*
Souvenir *recuerdo, souvenir.*
Souvent *a menudo.*
Spécial *especial.*
Spectacle *espectáculo.*
Spectateur *espectador.*
Splendide *espléndido.*
Sport *deporte.*
Stade *estadio.*
Station (thermale) *balneario.*
Station-service *gasolinera.*
Stationnement *estacionamiento.*
Stationner *estacionar, aparcar.*
Stop *stop.*
Stupide *estúpido.*
Succès *éxito.*
Succursale *sucursal.*
Sucre *azúcar.*
Sucré *azucarado.*
Sud *sur.*

Sud-est *sureste.*
Sud-ouest *suroeste.*
Suffire *bastar.*
(Ça suffit ! *¡basta !*)
Suisse *Suiza.*
Suite *continuación.*
Suivant *siguiente.*
Suivre *seguir.*
Sujet *sujeto.*
Superflu *superfluo.*
Supplément *suplemento.*
Supporter *soportar.*
Supposer *suponer.*
Supposition *suposición.*
Suppression *supresión.*
Sur *sobre.*
Sûr *seguro.*
Surcharge *sobrecarga.*
Sûrement *seguramente.*
Surpris *sorprendido.*
Surtaxe *recargo.*
Surveillant *vigilante.*
Suspendre *colgar, suspender.*
Système électronique *sistema electrónico.*

Tabac (magasin) *estanco ;* (plante) *tabaco.*
Table *mesa.*
Tableau *cuadro.*
Tabou *tabú.*
Tabouret *taburete.*
Tache *mancha.*
Taché *manchado.*
Taille *talla.*
Tailleur (vêt.) *traje ;* (pers.) *sastre.*
Taire (se) *callarse.*
Talon *tacón.*
Tampon (hygiénique) *tampón.*
Tant que *mientras.*
Tante *tía.*
Tard *tarde.*
Tarif *tarifa.*
Tasse *taza.*
Taureau *toro.*
Taux de change *tipo de cambio.*
Taxe *impuesto.*
Taxi *taxi.*
Teinte *tinte.*
Teinture *tintura.*
Teinturerie *tintorería.*
Tel *tal.*
Télégramme *telegrama.*
Télégraphier *telegrafiar.*
Téléphone *teléfono.*
Téléphone portable *móvil, celular.*
Téléphoner *llamar por teléfono.*
Télévision *televisión.*
Témoignage *testimonio.*
Témoin *testigo.*
Température *temperatura.*
Tempête *tempestad.*
Temps *tiempo.*
Tendre (adj.) *tierno ;* (verbe) *tender.*
Tenir *sujetar, mantener.*
Tension *tensión.*
Tente *tienda* (AmL : *carpa*).
Terminer *terminar, acabar.*
Terminus *terminal.*
Terrain *terreno, campo.*
Terre *tierra.*
Terrible *terrible.*
Tête *cabeza.*
Thé *té.*
Thermomètre *termómetro.*
Timbre *sello* (AmL : *estampilla*).
Timide *tímido.*
Tir *tiro.*
Tire-bouchon *sacacorchos.*
Tirer *tirar, jalar.*
Tiroir *cajón.*
Tissu *tela.*
Toi *tú.*
Toile *tela.*
Toilettes *servicios, toilettes* (AmL : *baño, vecé, wáter*).
Toit *techo.*
Tomate *tomate* (Mex : *jitomate*).
Tomber *caerse.*
Ton, ta, tes *tu, tus.*
Tonne *tonelada.*
Torchon *paño, trapo.*
Tôt *temprano.*
Total *total.*
Toucher *tocar.*
Toujours *siempre.*

Tour (tournée) *vuelta ;*
(bât.) *torre.*
Tourisme *turismo.*
Touriste *turista.*
Tourner *dar vueltas.*
Tout, toute, tous, toutes *todo, toda, todos, todas.*
Tout de suite *inmediatamente.*
Toux *tos.*
Toxique *tóxico.*
Traditionnel *tradicional.*
Traduction *traducción.*
Traduire *traducir.*
Train *tren.*
Traitement *tratamiento.*
Trajet *trayecto.*
Tramway *tranvía.*
Tranche *rebanada, tajada, rodaja.*
Tranquille *tranquilo.*
Tranquillisant *tranquilizante.*
Transférer *trasladar.*
Transformateur *transformador.*
Transit *tránsito.*
Transmission *transmisión.*
Transparent *transparente.*
Transpirer *transpirar.*
Transporter *transportar.*
Travail *trabajo.*
Travailler *trabajar.*
Travers (à) *a través.*
Traversée *travesía.*
Trempé *mojado, calado.*
Très *muy.*
Triangle *triángulo.*
Tribunal *tribunal.*
Troisième *tercero.*
Tromper (se) *equivocarse.*
Trop *demasiado.*
Trottoir *acera,*
(AmL : *vereda*).
Trousse (premiers secours) *botiquín ;*
(de toilette) *neceser.*
Trouver *encontrar.*
Tu *tú.*
Tuer *matar.*
Tumeur *tumor.*
Tympan *tímpano.*

Ulcère *úlcera.*
Un, une *un, una.*
Uniforme *uniforme.*
Unique *único.*
Urgence *urgencia.*
Urgent *urgente.*
Urine *orina.*
Usage *uso, empleo.*
Usine *fábrica.*
Ustensile *utensilio.*
Usuel *usual.*
Utile *útil.*
Utiliser *usar, utilizar.*

Vacances *vacaciones.*
Vaccin *vacuna.*
Vaccination *vacunación.*
Vache *vaca.*
Vague (nom) *ola ;*
(adj.) *vago.*
Vaisselle *vajilla.*
Valable *válido.*
Valeur *valor.*
Valide *válido.*
Validité *validez.*
Valise *maleta.*
Vallée *valle.*
Valoir *valer, costar.*
Varié *variado.*
Variété *variedad.*
Vaseline *vaselina.*
Veau *ternero.*
Végétarien *vegetariano.*
Véhicule *vehículo.*
Velours *terciopelo.*
Vendeur *vendedor.*
Vendre *vender.*
Vendredi *viernes.*
Vendu *vendido.*
Venir *venir.*
Vent *viento.*
Vente *venta.*
Ventilateur *ventilador.*
Ventre *vientre.*
Verglas *hielo.*
Vérifier *verificar, comprobar.*
Vérité *verdad.*
Verre *vidrio ;*
(pour boire) *vaso.*
Verrou *cerrojo.*
Vers *hacia.*
Vert *verde.*
Vertiges *vértigos.*
Vestiaire *guardarropa.*
Vêtements *ropa.*
Veuf, veuve *viudo (a).*

Vexé *ofendido.*
Viande *carne.*
Vide *vacío.*
Vider *vaciar.*
Vieux *viejo.*
Vignoble *viñedo.*
Vigoureux *vigoroso.*
Village *pueblo.*
Ville *ciudad.*
Vin *vino ;*
– blanc *blanco ;*
– rouge *tinto ;*
– rosé *rosado.*
Vinaigre *vinagre.*
Virement *transferencia* (AmL : *giro*).
Virer *girar.*
Vis *tornillo.*
Visa *visado* (AmL : *visa*).
Visage *rostro, cara.*
Visibilité *visibilidad.*
Visible *visible.*
Visite *visita.*
Vite *rápidamente, de prisa.*
Vitesse *velocidad, rapidez.*
Vitre *cristal, vidrio.*
Vitrine *escaparate* (AmL : *vitrina*).
Vivre *vivir.*
Voie *vía.*
Voie de détresse *vía de emergencia.*
Voir *ver.*
Voisin *vecino.*
Voiture *coche* (AmL : *carro, auto*).
Voix *voz.*
Vol (avion) *vuelo ;* (dérober) *robo.*
Voler *robar.*
Voleur *ladrón.*
Volonté *voluntad.*
Volontiers *con mucho gusto.*
Vomir *vomitar.*
Voter *votar.*
Votre, vos *su, sus, vuestro (a, os, as).*
Vous *usted, ustedes, vosotros.*
Voyage *viaje.*
Voyager *viajar.*
Voyageur *viajero.*
Vrai *verdadero.*
Vue *vista.*

Wagon-lit *coche cama.*
– restaurant *coche restaurante* (AmL : *coche comedor*).

Zéro *cero.*
Zone *zona.*

Index

A B C

Conception graphique de la maquette intérieure :
Anne Danielle Naname.

Achevé d'imprimer en mars 2012 en Italie par
L.E.G.O. S.p.A.
38015 Lavis
Dépôt légal 1re publication : 1988
Dépôt légal édition 4 : mars 2012
LIBRAIRIE GÉNÉRALE FRANÇAISE
31, rue de Fleurus – 75278 Paris Cedex 06

30/8514/9